クと商業主義

小川 勝
Ogawa Masaru

a pilot of wisdom

目次

選手村は公務員住宅／東京オリンピックの経済的評価／
東京オリンピックの黒字は「税金」と「寄付金」／
民間企業の寄付による「商業主義」の侵入／
アベベをめぐる、オニツカとプーマの戦い／高騰するテレビ放映権料／
選手への「ボーナス」が初めて表面化／
最初の「商業化オリンピック」はミュンヘン／
ＩＯＣの金庫が放映権料で潤う／開催返上事件と、アマチュア定義の廃止／
モントリオール――五輪史における「リーマン・ショック」／
膨れ上がる施設建設費／自治体首長の暴走が大赤字を生んだ／
商業化ノウハウの完成／社会主義国で行われた資本主義的五輪／
財政不安で「五輪開催地不在」の危機／
八四年ロサンゼルス――空前の黒字／
黒字の理由は「支出を抑えた」から／「一業種一社」のスポンサー契約／
五輪開催権はＩＯＣの「売り手市場」に／
「企業の金」が「個人の金」を凌駕する

円‐ドルの換算は、特に説明のないものは、文中で言及しているオリンピック開催年の平均レートに従った。その他の通貨から円への換算については、『世界統計年鑑』（原書房）に基づいて計算した。

序章　三つのロンドンオリンピック

一九〇八年に行われたロンドンオリンピックの公式報告書によると、大会の開催にかかった経費は一万五二一四ポンドだった。これは当時のレートで約一五万円に相当する。一九〇八年といえば、明治四一年。日露戦争が終結して三年、夏目漱石が『三四郎』を書いた年である。

一方、収入の方はどうだったのかというと、寄付だけで一万五八五一ポンド（一六万円）が集まったため、これで経費をすべて賄うことができた。入場料収入も六〇〇七ポンド（六万円）あったのだが、これはそのまま黒字分となった。

その四〇年後、第二次世界大戦が終結して三年が経過した一九四八年、二度目のロンドンオリンピックが行われた。敗戦国の日本、ドイツは招待されなかったが、五九カ国から四一〇四人が参加した。開催にかかった経費は七三万二二六八ポンド（七億三八一三万円）。オリンピックの開催経費は、一九〇八年の約四八倍に膨れ上がったわけだ。

しかしこの大会では、経費も増えたが収入も同じくらい増えた。収入源になったのは入場料やプログラム販売。さらには選手の宿泊、食事、輸送も貴重な収入源だった。当時、これらはすべて有料で、各国の選手団はお金を払って選手村に泊まり、食事をし、移動のバスに乗っていたわけだ。大会の収入は合計七六万一六八八ポンド（七億八七七八万円）に達し、大会収支は二万九四二〇ポンド（二九六五万円）の黒字となった。

そして二〇一二年、ロンドンで三度目のオリンピックが行われる。実行委員会は、会場の建設やインフラ整備を含む開催の総経費を、およそ九三億ポンド（約一兆二〇〇〇億円）と予測している。

会場やそれにともなうインフラは大会が終わったあとも利用されるから、オリンピックのためだけの経費とは言い切れない。そういった、大会後も利用される建設物への経費を除いた純粋な運営経費だけに限っても、二〇一二年ロンドン大会は、二〇億ポンド（二五八〇億円）かかると予測されている。

もちろん、それぞれの時代で貨幣価値は異なる。一九〇八年、一九四八年、二〇一二年の金額をそのまま比較しても意味がない。それぞれの時代の英国の卸売物価指数を見てみると、一九〇八年を一〇〇とした場合、一九四八年は二一九、（最新のデータで）二〇〇七年は二〇五九になる。ということは、一九〇八年の貨幣価値は、二〇〇七年の二〇・五九倍ということになる。つまり一九〇八年のロンドン大会にかかった経費一万五二一四ポンドは、現在では三一万三三五六ポンド（約四〇四〇万円）に相当することになる。

この数字をもとに計算すると、二〇一二年ロンドン大会にかかる運営経費二〇億ポンドは、一九〇八年の大会にかかった経費の約六三八五倍ということになる。

一〇四年の間に、オリンピックは六三八五倍も金のかかる巨大イベントになってしまったということだ。

だが、こうした運営経費の膨張ぶりに比べ、オリンピックの規模自体は、そこまで大きくなっているわけではない。参加選手の人数は、一九〇八年ロンドン大会が二〇〇八人で、二〇〇八年北京大会が一万九四二人だから、約五倍である。行われた競技の種目数を見ても、一九〇八年の一一〇種目に対し、二〇〇八年は三〇二種目。これは三倍弱に過ぎない。

一方で、運営経費だけが六三八五倍にもなっているのである。

なぜ、オリンピックは、これほど金がかかるイベントになってしまったのだろうか。

オリンピックに対して、我々には二つの立場が提供されている。

一つは――こちらが多数派だが――オリンピックを、古代オリンピックから続くアスリートの崇高な祭典ととらえ、舞台裏の事情はさておいて、テレビの前に（あるいは観客席に）座るという立場である。

もう一つは、舞台裏の事情に目を向け、オリンピックにまつわる利権のシステムを追及し、国際オリンピック委員会（ＩＯＣ）が掲げている理念との馬鹿馬鹿しいほどの乖離《かいり》を指摘して、近代オリンピックを批判するという立場である。

後者の立場を裏付ける事実の数々は、一九九二年に出版され、日本でも話題になった『The Lords of the Rings』（邦題『黒い輪』）などに詳しい。その後も、九八年長野大会をめぐる内幕や、九九年に発覚したソルトレークシティ大会招致をめぐるスキャンダルなど、オリンピックの舞台裏が明らかになるたび、巨大な利権をめぐる闇《やみ》の一部がメディアを賑《にぎ》わせた。

前者の世界においては、オリンピックの存在価値に疑問が呈されることはない。オリンピックに出ること、オリンピックでメダルを取ることは、留保なしに素晴らしいことで、国民の「感動を呼ぶこと」だというふうに規定されている。

一方、後者の世界においては、オリンピックの存在価値はもはや失われている。オリンピックはIOC貴族と一部多国籍企業の玩具《おもちゃ》であって、これに夢中になっている世界中の観客は、支配者たちに騙《だま》された世間知らずの哀れな人々ということになる。

この二つの立場が、議論のテーブルに着くことはほとんどない。前者の数があまりに多いため、後者の声はメディアの片隅に追いやられている。前者は、後者の声を無視するか、あるいは軽い一瞥《いちべつ》のあと、部屋に紛れ込んだ虫でも払いのけるように排除してしまう。一方、聞く者が少なければ、後者の声はどうしても過激になる。聞こうとしない者たちに対して冷笑的になっていく。そしてますます、両者の距離は遠のいていくように見える。

本書は、この両者の間に橋をかけようとする、ささやかな試みである。

ピエール・ド・クーベルタンが近代オリンピックを始めた当時、オリンピックの存在価値は自明のものだった。世界のアスリートにとって文句なしに価値ある着想であったし、オリンピックの開催によって、とりたてて利益を得る人も、不利益を被《こうむ》る人もいなかった。しかし、現在のオリンピックはそうではない。オリンピックの開催によって、利益を得る人もいれば、不利益を被る人もいる。オリンピックの存在価値そのものを問い直さざるを得ない時代なのだ。舞台裏の事情をさておいて見るには、舞台裏があまりに重要な時代になってしまった、と言ってもいい。

オリンピックの「舞台裏の事情」と言えば、かつては、ほとんどが政治的な事情だった。ナチス党のプロパガンダとなった一九三六年ベルリン大会、中国と台湾という「二つの中国」の参加問題に加えてパレスチナゲリラのテロ事件が起こった七二年ミュンヘン大会、そして、ソ連のアフガニスタン侵攻で西側諸国がボイコットした八〇年モスクワ大会と、逆に東側諸国がボイコットした八四年ロサンゼルス大会。

だが、現在のオリンピックにおける「舞台裏の事情」とは、金にまつわる事情である。政治的な事情は、以前ほどオリンピックを左右することはなくなった。近代オリンピックは、プロパガンダ、テロ、ボイコットによって何度か翻弄《ほんろう》されたあと、人類の歴史上、前例のなかったほど莫大《ばくだい》な金の流れを生み出すイベントに変貌《へんぼう》したのである。

現在のオリンピックについて、我々は、何を知っておくべきなのだろうか。

ＩＯＣは、我々から税金を徴収しているわけではない。したがって、納税者が政府を監視するような意味で、我々がＩＯＣを監視する必然性はない。

だが、すでによく知られているように、我々の圧倒的多数がテレビを通して観戦することによって、ＩＯＣは莫大な収入を得ている。ここで言う収入とは、テレビ放映権料だけではない。スポンサー企業が巨額のスポンサー料をＩＯＣに払うのも、我々がテレビで（あるいは現地に足を運んで）オリンピックを観戦するからである。オリンピックに対する我々の関心が、オリンピックの巨大化を支えているのだ。その逆ではない。

そうであるなら、我々は、オリンピックにおける金の流れというものを、知っておく必要があるはずだ。我々の関心が、どれほど莫大な金の流れを生み、利権を生み出すものであるのか。その大金は、どのように使われ、金の行き先を決めているのは誰なのか。そうした金の流れは、社会的に、あるいは倫理的に望ましいものなのか――。

我々は、我々の関心が引き起こす結果について、知っておく必要があるはずなのだ。

オリンピックにおける金の流れを理解する、ということ。
それは表現を変えるなら、現在のオリンピックにおける「商業主義」というものを理解するということだ。
オリンピックにおける商業主義の歴史と実情を、まずは理解する必要がある。

クーベルタンが一八九九年に手書きで書いた、最初のオリンピック根本原則である「国際オリンピック委員会規則」を読むと、現在のオリンピックは、ある意味で、この根本原則に則《のっと》った方向へ発展していることが分かる。

「国際オリンピック委員会規則」で、クーベルタンは次のように書いている。

国際オリンピック委員会は、次の事柄に対して責任を持つ（1）オリンピックの定期的開催（2）オリンピックをより完全なものに、古代オリンピックから触発される高い理想を持ちつつ、輝かしい歴史に値するものにしていく（3）すべての競技を促進

して組織する。近代運動競技を望ましい方向へ導く

この中で（2）は議論の余地があるものの、（1）は、二度の世界大戦時を除いて実行されている。そして（3）は、現在のオリンピックの巨大化、肥大化という問題と直接関係する部分だ。「すべての競技を促進して組織する」という根本原則が、肥大化（自身を維持できないほどに肥え太ること）を目指したものとは思えないが、オリンピックの「巨大化」は、クーベルタンが最初から想定していたものであった、とも解釈できる。

しかしクーベルタンは、近代オリンピックをそのように発展させていくための、財政的な方法論は示さなかった。これは一見、無責任な態度にも思えるが、時代状況を考えれば、理解できることでもある。

まず、クーベルタンが始めた近代オリンピックは、一九世紀の英国スポーツ界を基準にした「アマチュアのための大会」だったから、大会期間中の選手たちの宿泊費や交通費は、前述のように、すべて選手側の自己負担を前提にしていた。オリンピックというのは、選手側がお金を払って参加する大会だったのである。つまり、必要経費の項目自体が、現在

よりもずっと限られていたわけだ。そして、報道陣のためにプレスセンターを建設する必要もなかったし、テロ対策のため全会場に金属探知機を配備する必要もなかった。

加えてクーベルタンには、オリンピックというものが、将来どれくらい大きくなり得るか――言い換えれば、どれくらい必要経費が巨額になり得るかについて、先を見通すことは難しかったと思われる。

彼がIOC会長を務めた一九〇〇年の第二回パリ大会から二四年の第八回パリ大会までの時代に、旅客機は存在しなかった（チャールズ・リンドバーグがニューヨーク―パリ間の無着陸飛行に成功するのは一九二七年のことである）。旅客機による大量輸送によって、世界中から数万人の人々が一つの都市に集まるなど、クーベルタンには想像できなかったはずだ。

そしてもちろん、当時はまだテレビというものが存在しなかった。アディダスもプーマもナイキも設立されていなかった。オリンピックが巨大ビジネスの波に飲み込まれる可能性を想像することは、クーベルタンには、まず不可能だったと言っていいだろう。

オリンピックにおける商業主義の起源をたどることは、実は非常に手のかかる作業である。それは「商業主義」というものを、どのように定義するかに左右されるからだ。

オリンピックが、いわゆる「商業主義路線」のビッグイベントになったのは、一九八四年ロサンゼルス大会からだというふうに言われている。大会組織委員長のピーター・ユベロスが、いわゆる「ユベロス商法」というものを始め、IOC会長のファン・アントニオ・サマランチが、その路線を推し進めた。そういうふうに言われている。

これは大筋において間違いではないものの、いささかステレオタイプな歴史認識でもある。現実はもっと複雑で、入り組んでいる。

オリンピックにおける商業主義とは何なのか。オリンピックは、なぜ商業主義を必要としたのか。商業主義による弊害とは、具体的にどういうことなのか。これらをきちんと問い直さない限り、オリンピックに現在的な存在価値を見出《みいだ》すことはできない。

それはテレビの前に座る我々にとってもそうであるし、オリンピックに参加する選手にとっても同じことであるはずだ。

第一章　「商業主義」の起源と歴史

「商業主義」の定義

オリンピックにおける商業主義は、どこから始まったのか。

その答えは、「商業主義」をどう定義するかによって異なってくる。

商業主義とは、『広辞苑』（第六版）によると、「コマーシャリズムのこと」とある。「コマーシャリズム」のところをひくと「営利を第一の目的とする立場。営利主義」と説明されている。

『オックスフォード現代英英辞典』（第七版）には、もう少し具体的な説明がある。

「（否定的に）物の価値や質よりも、金儲《かねもう》けに関心を持つこと」

つまり、価値や質よりも、利益を優先すること。これが「商業主義」の一般的な定義である。

『THE OXFORD DICTIONARY』（一九八九年版）によると、Commercialism という言葉は、一八四九年にはイギリスですでに使われていたことが例文で示されている。一八四〇年代のイギリスといえば、産業革命によって地方から都市への大々的な人口移動が続き、劣悪な条件下での過重労働といった近代資本主義特有の問題も表面化して、いわゆる「資本家」と「労働者」の闘争が始まっていた時期だった。カール・マルクスとフリードリッヒ・エンゲルスはこの時期に『共産党宣言』を書き、一八四八年にロンドンで出版している。つまりCommercialismという言葉は、産業革命による近代資本主義社会が確立されていく過程において、すでに使われていたということだ。

「価値や質よりも、利益を優先する」という言葉本来の意味で考えた場合、オリンピックは、どの大会から「商業主義に陥った」と言うべきなのだろうか。オリンピックの価値や質よりも、利益が優先されるとは、具体的にどういうことなのだろうか。

この問いに答えるには、まず「オリンピックの価値と質とは何か」ということを、はっきりさせなければならない。また「価値や質よりも優先された利益」とは、誰にとっての利益なのかも明確にする必要がある。

これはどちらも、簡単には答えの出ない問題だ。

聖火リレーを「売った」理由

一九八四年ロサンゼルス大会の聖火リレーが、分割され、有料で販売されたことが、利益のためにオリンピックの価値や質を貶《おとし》めた象徴的な出来事としてよく指摘される。聖火リレーを金で売るという行為が、なりふり構わない利益優先の「ユベロス商法」を最もよく表しているという指摘だ。

だがこうした指摘は、誤解に基づいた誤った認識である。ロサンゼルス大会の聖火リレーが、一㎞あたり三〇〇〇ドル、当時のレート（一ドル約二三〇円）で約六九万円という高額で一般に開放されたことは事実だが、この金を受け取ったのはIOCでもロサンゼルス五輪組織委員会でもない。受け取ったのはＹＭＣＡ（キリスト教青年会）、ボーイズ＆ガールズ・クラブ・オブ・アメリカ（青少年育成団体）、そしてスペシャル・オリンピックス（知的障がいを持つ人々によるオリンピック）という非営利団体である。なぜこうした団体が受け取ったのかと言えば、この「有料聖火リレー」が、ロサンゼルス大会の収支改善のためではなく、オリンピック開催に対する米国民の関心を引くための企画であったからだ。

なぜ、このような企画が必要だったかと言えば、八四年当時、多くの米国民が、オリンピックを開催することに関心を失っていたからだった。関心を失った背景には、七六年モントリオール大会が巨額の赤字を出したこと、そして八〇年モスクワ大会を米国がボイコットしたため、久しくオリンピックを見ていないことがあった。モントリオール市のあるケベック州では、オリンピックで出た赤字を補塡《ほてん》するため同州のたばこ税が増税され、それが西暦二〇〇〇年まで続く——といったことが、ロサンゼルスのメディアでも報道されていた。このためロサンゼルスでは、七八年にオリンピックの招致が決まったあとも、開催への支持率は決して高くなかった。

ロサンゼルス五輪組織委員長のピーター・ユベロスは、こうした状況を変えるため、聖火リレーに特別な趣向を凝らしたいと考え、東海岸のニューヨークから西海岸のロサンゼルスまで米国を横断するリレーを打ち出したのである。これは、今日の常識では驚くようなコース設定ではないが、当時としては画期的な企画だった。さらに側近の提案からヒントを得て、参加希望者（個人、団体、企業など）は自分の住む地域に三〇〇〇ドルを寄付することで、一㎞の距離を走る走者を指名できる——という企画を打ち出したのである。寄付された金は、それぞれの地域のYMCAなど非営利団体に渡り、オリンピックスポーツの行事開催に使われることになった。つまり、これは聖火リレーを「売った」のではなく、「聖火リレーによって、オリンピック運動のための寄付金を集めたのだ」というのがユベロスの主張だった。実際、聖火リレーで上がった純益一〇九〇万ドル(二五億七〇〇〇万円)はこれらの団体に寄付されている。

組織委員会の収入にはならないものの、国民のオリンピックに対する関心を引きつけるイベントとしては、ロサンゼルス五輪の聖火リレーは成功した。営利団体や個人の収入になっていない以上、この聖火リレーを「商業主義の象徴的出来事」と考えるのは妥当ではないだろう。

それでも、集めた金がオリンピック運動のための寄付金であれ何であれ、この企画が、聖火リレーの神聖さを損なったという見方に一理あることは確かだ。そもそも聖火リレーはそのように大掛かりにやる必要はなく、アテネから飛行機で開催都市まで運んだら、あとは開会式会場の近くから、聖火に相応《ふさわ》しいランナーが運んで点火すればそれでよい。相応しいランナーと格調高い点火の演出さえあれば十分、という見解には説得力がある。

このように、オリンピックにおける商業主義とは何なのか、オリンピックが商業主義に陥るとは具体的にどういうことなのかを定義するのは、簡単なことではないのだ。

三種類の開催資金

現在、オリンピック開催の資金は、大きく分けて次の三つに分類できる。

「税金」＝国や地方政府からの補助金
「企業の金」＝テレビ放映権料、スポンサー企業によるスポンサー料など
「個人の金」＝入場料、記念コイン、寄付など

「商業主義に陥る」とは、「企業の金」が大きく入り込んだ結果、企業がオリンピックの運営に口を出し始め、オリンピックの価値や質が損なわれるという現象である。
ただ、オリンピックの価値や質を損なうものは「企業の金」だけではない。「税金」にもその可能性がある。「税金」は、政治の介入を促す。一九八〇年モスクワ大会を日本オ

リンピック委員会（ＪＯＣ）がボイコットせざるを得なかったのは、政府の意向に従わずＪＯＣ独自の判断で参加した場合、年間約一五億八〇〇〇万円あった補助金のカットを示《し》唆《さ》されたからである。このときＪＯＣ総会では投票が行われ、ボイコット賛成が二九票、反対が一三票だった。一五億八〇〇〇万円という補助金は、ＪＯＣの年間予算の約三四％を占めていた。もし、当時のＪＯＣにもう少し自主財源があって、補助金の割合が予算の一〇％程度であれば、賛成票と反対票が逆転していた可能性もあったはずだ。

企業の介入も、政治の介入も排除してオリンピックを運営するには、三つ目の「個人の金」だけで運営する以外ない。もちろんこれは理想論である。現在のように、世界中から二〇〇を超える国と地域のアスリートを一カ所に集め、三〇〇種目もの競技を開催する資金を、入場料や記念コイン、記念切手、および個人からの寄付で集めるというのは、よほど高額に設定したチケットや記念コインが大量に売れない限り実現できない。実現できたとしても、記念コインや記念切手を企業が大量に買い上げたり、企業のオーナーが大口の寄付を行えば、結局、企業の金が入ることと大差はなくなる。

しかし、オリンピックの歴史を振り返ってみると、まだ大会の規模が小さかった時代に

「個人の金」が収入の大半を占めていたことはあった。IOCは、企業に頼ることなくオリンピックを開催できていたのである。

「税金」「企業の金」「個人の金」。この三つのうち、「企業の金」が最大のパーセンテージを占めたとき、「五輪は商業化された」と言えるだろう。

ただ「商業化される」ことと「商業主義に陥る」ことは違う。企業の金が入っても、オリンピックの価値と質が一定のレベルで維持されることはあり得る。「商業主義に陥る」とは、企業の口出しによってオリンピックの価値と質が損なわれることを意味している。それが具体的に、どのようなケースを指すのか。それは「オリンピックの価値」「オリンピックの質」をどう定義するかによって異なってくる。この点は、章を改めて考えてみたい。

オリンピック草創期の開催経費

はっきりしているのは、オリンピックに商業主義が入り込む形態は、次の二つに分類できるということだ。

1　オリンピックの開催に、企業の金が入る。その結果、運営に企業が介入する。
2　選手が特定企業の用具を使用して、オリンピックの場で広告塔の役割を果たす。つまり、オリンピックが商品宣伝の舞台になる。

1と2には、それぞれ別の歴史がある。

それぞれが、どの大会から、どのような形で、どの程度入り込んできたのか。

まず、そもそも、近代オリンピックはどのような資金によって開催されてきたのか——言い換えるなら、オリンピック開催の経費は誰が払ってきたのか。これを第一回大会から見ていきながら、1と2の歴史を追っていきたい。


近代オリンピックの始まりとなった一八九六年アテネ大会は、基本的に寄付金によって開催された。

クーベルタンから依頼を受けたギリシャのコンスタンチノス皇太子が、国外に居住しているギリシャ人の豊かな商人たちに手紙を書いて寄付を求めた。クーベルタン自身もギリシャ人の友人に寄付を依頼した。一九九四年にＩＯＣが発行した「国際オリンピック委員会の百年」という文書によると、大会前年の一八九五年二月には、一三万ドラクマの寄付金が集まったという。その後、寄付金以外の財源としては、ギリシャ政府がオリンピック切手の発行を許可したことで四〇万ドラクマが集まっている。この記念切手が、寄付金以外でオリンピックの運営に寄与した最初の財源だったわけだ。

しかし、何と言っても最大の後援者は、エジプトのアレキサンドリアに住んでいたギリシャ人富豪ジョルジュ・アベロフだった。アベロフは一八九五年九月までに、三、四回に分けて約一〇〇万ドラクマを寄付している。彼の寄付によって、第一回近代オリンピックの財政問題は解決した。その貢献を称《たた》えて、大会のメーン会場となったパナシナイコ・スタジアムの入場口にはアベロフの像が建てられた。第一回アテネ大会の最大の経費は、このパナシナイコ・スタジアムの修復建設だった。行われたのは陸上競技、水泳、体操、レスリング、フェンシング、射撃、自転車、テニス、重量挙げの九競技だけ。参加一四カ国、選手二四一人。この開催規模を考えると、有志による寄付金だけで運営可能な大会だったこともうなずける。

一九〇〇年パリ大会、一九〇四年セントルイス大会は、いずれも万国博覧会に付随するスポーツ大会として開催されている。その実態は「大商業博覧会のポピュラーなアトラクション」であったとIOC発表の文献は伝えている。パリ大会も、セントルイス大会も、開催期間は博覧会に合わせ、約五カ月にわたって散発的に行われている。当然、開催経費も万国博覧会に依存していた。

パリ大会の財政については、パリ万博に参加した日本の農商務省の官僚が報告書を書いている。それによると、パリ万博の経費は総額で約一億フランだった。国とパリ市が二〇〇〇万フランを支出して、残りの六〇〇〇万フランを、当時の五大銀行が発行した宝くじ（報告書では「富籤《とみくじ》」と表現されている）で集めている。つまり万博は、税金と宝くじの収入で運営されたわけだ。したがって、その一部として開催されたオリンピックも、税金と宝くじの売上金で賄われたことになる。

農商務省の報告書を見ると、オリンピック関連経費と思われる項目が所々に見受けられる。補助金の支出先として「國祭、射的、体操、軍事体育（略）、萬國競走會等ノ補助金」

とあり、一八万フランとなっている。こうした項目が、オリンピックの経費だと思われる。

参加経費は選手の自己負担

序章で書いた通り、一九〇八年ロンドン大会は、第一回アテネ大会と同様、寄付金によって運営された。英国の新聞王アルフレッド・ハームズワースの協力で、タブロイド紙「デイリー・メール」に寄付を呼びかける記事が掲載されると、それをきっかけに多くの寄付が集まったという。

大会の公式報告書によると、ロンドン大会の収支は六三七七ポンドの黒字となっている。国やロンドン市の税金は入っていない。だが、これには但し書きが必要だろう。というのは、大会の開催に不可欠でなおかつ最もコストのかかるメーン会場の建設が、同じ年にロンドンで開催された「英仏博覧会」の予算で行われ、五輪組織委員会はまったく負担していないからだ。メーン会場となったホワイトシティ・スタジアムは、収容人員六万八〇〇〇人で、建設費用は六万ポンド。これはロンドン大会の総収入二万一五九一ポンド（寄付、入場料、預金利息）の三倍近い金額である。陸上競技だけでなく、自転車競技、体操、そしてフィールド内にはプールもあったため、水泳もここで行われている。

ロンドン五輪組織委員会は、英仏博覧会の実行委員会に入場料収入の四分の三を支払うことで、このホワイトシティ・スタジアムを借りることができた。この点を考慮すると、ロンドン大会も、パリ大会やセントルイス大会と同様に、博覧会の予算に大きく依存していたと言っていい。ただ大会の運営に、企業の金はまだ入っていない。

一九一二年ストックホルム大会は、日本が初めて参加した大会である。そして、オリンピック開催にともなう収入に、企業が関係し始めた最初の大会でもあった。

ストックホルム大会の総収入は二四七万九四一七クローネ（当時のレートで六八万一八四〇ドル）だった。財源は、ストックホルム市からの補助金や入場料収入はもちろんのこと、そのほか、一気に多様化している。

具体的には、映画化権（スウェディッシュ・アメリカン・フィルムズ・カンパニーから二万四四七クローネ＝約五六二三ドル）、記念メダルの販売権（オストバーグ&ランハードソンLtd.から二三〇〇クローネ＝約六三三ドル）、写真の販売権（グランバーグ・アートインダストリー・カンパニーから一万二九一一クローネ＝約三五五一ドル）といった収入が計上されている。また、大会プログラムに掲載する広告料も収入源の一つとなっている。これは、オリンピックが一般的な関心を集め始め、こうした権利が販売可能になったことを意味している。

ただ、ストックホルム大会の総収入は二四七万九四一七クローネだから、こうした権利販売による企業からの収入は、総収入の五％にも満たなかった。この程度であれば、権利を買った企業が大会運営に影響を及ぼすことはできないだろう。その意味で、運営に企業の金は入っているものの、まだ「商業主義に陥る」という段階ではなかったと言える。

一方、入場料収入は合計六八万三二三クローネ（一八万七〇八九ドル）で、全収入の約二七％を占めていた。企業からの収入より入場料収入の方がずっと多いという収入構造だから、特定の資金提供者が権力を発揮することはできなかったわけだ。

この大会に、日本人として初めて出場したマラソンの金栗四三《かなぐりしそう》の伝記『走れ25万キロマラソンの父金栗四三伝』によると、オリンピックへの参加経費はすべて自己負担だった。当時まだ東京高等師範（現筑波大学）の学生だった金栗は、住んでいた学生寮の仲間と学校の職員たちによる寄付で約一五〇〇円、および実家から送ってもらった三〇〇〇円、合計一八〇〇円で、往復の旅費（船舶と鉄道）と滞在費（ホテル宿泊費と交通費）を賄っている。

一八〇〇円がどれくらいの大金かと言えば、当時の高級官僚採用試験「高等文官試験」に合格した国家公務員の初任給が五五円だから、その三二・七倍だ。二〇一一年の国家公務員一種合格者の初任給は二一万三八〇〇円だったから、その三二・七倍となると、約七〇〇万円に相当する。当時の日本でオリンピックに参加するというのは、これだけの費用を自己負担するということだったわけだ。

初めての赤字計上

一九二〇年アントワープ大会の主な収入は、入場料と、国と地方政府からの補助金だった。総収入（四〇一万二〇六三ベルギー・フラン）のうち、入場料収入（一一四万四三九二ベルギー・フラン）、国からの補助金（一五〇万ベルギー・フラン）、州政府からの補助金（二〇万ベルギー・フラン）の三つだけで全体の七一％を占めている。そのほか、寄付金や資金運用の利息といった収入があった。しかし前回のストックホルム大会のように、映画化権や大会写真の販売権といった項目はない。これが第一次世界大戦の爪跡《つめあと》の影響なのか、あるいは組織委員長のアンリ・ド・バイエ・ラツール伯爵の方針だったのか、はっきりした理由は分からない。だがとにかく、アントワープ大会では企業からの収入は記録されていない。

この大会で注目すべきは、史上初めて目立った赤字が出ている点だろう。赤字額は六二万六〇二三ベルギー・フラン。総支出の一三％程度だからそれほど大きな額ではないが、経費の中に「輸送用自動車（一〇万二二八ベルギー・フラン）」といった、それまでの大会にはなかった項目が入ってきている。ストックホルム大会のときにはまだ普及していなかった自動車だが、一九二〇年にはすでに大量生産が始まっていた。こういった新たなコストの発生もあって、オリンピックの開催経費が徐々に拡大し始めていたことが分かる。入場料と補助金、そして寄付金という従来型の財源では、経費を完全には賄えないケースが出始めた大会というふうに、このアントワープ大会を見ることができる。

膨れ上がる開催経費

一九二四年パリ大会は、公式報告書にも全体の収支決算は掲載されていない。だが、分かっている情報から判断する限り、当時としては史上最高の経費がかかった大会だったと思われる。

この大会はクーベルタンがＩＯＣ会長として開催した最後のオリンピックであり、自国フランスで開催する二回目のオリンピックだったが、ここでも新たなテクノロジーが導入されている。大会のための電話網が、初めて整備されたのである。

「国際オリンピック委員会の百年」によると「初めて電話網が競技場、トラック、役員を結んだ。20回線がパリのネットワークに繋《つな》がって作動した」とある。同時にこの大会から、各会場でマイクとスピーカーが使用されるようになった。それまでメガホンに頼っていた拡声の手段がマイクとスピーカーになり、大観衆の歓声の中でも声が届くようになった。電話網と、拡声の手段。この新たなテクノロジーは、その後のスポーツイベントで不可欠なものとなり、大会運営上の不可欠なコストとなった。

これら新たなコストに加え、パリ大会は参加国四四、参加人数三〇八九人で、いずれも史上最多だった。したがって、当時としては史上最多の経費がかかったと考えられる。

収入の総額は報告書に書かれていないが、入場料収入がかなりの割合を占めていたと見られる。マラソンの観衆だけで有料入場者が二万八九六六人、収入は四二万八三五五フラン。当時のレートで三万三六三三ドルだ。マラソンだけでこの金額ということは、入場料収入が、収入全体のかなりのパーセンテージを占めていたと想像される。

織田幹雄が日本人初の金メダルを獲得した一九二八年アムステルダム大会は、やはり入場料、寄付、そしてアムステルダム市からの補助金という、従来型の三つの財源で運営された。その他、記念切手の販売や、集まった資金の投資利息の収入などはあったが、企業からの収入はなかった。総収入の三〇三万三五六三ギルダー（一二一万八二七八ドル）に対して、入場料収入（一一〇万八七〇八ギルダー）は全体の三六・五％、オリンピック基金への寄付金（八五万一八九八ギルダー）が二八・一％、アムステルダム市からの補助金（二五万ギルダー）が八・二％、アムステルダム市が発行したオリンピック公債（五〇万ギルダー）が一六・四％。これらの合計で八九・四％を占めている。

この大会の特徴は、収入より支出の方にあった。支出の中で最大の項目が「建設費」となっているのである。二三七万一八三〇ギルダーで、全支出の実に七一・二％を占めている。大会組織委員会が集めた資金のほとんどが、競技場の建設に使われたわけだ。その他の「大会事務局の人件費」や「競技用具」といった項目は、どれも些細《ささい》な支出だった。

スタジアムの建設を、誰の負担で行うのか。これはオリンピックの財政において常に最大の問題であり、それは今なお変わっていない。このアムステルダム大会のように、組織委員会が集めた資金でメーンスタジアムを新築する場合は、オリンピック開催の予算自体がそれだけ大きくなる。実際、アムステルダム大会の総支出三三三万二五八二ギルダーは、当時のレートで一三三万八三六五ドル。これは、大会予算で競技施設を作った一九一二年ストックホルム大会の総支出（六八万一八四〇ドル）と比べても、二倍近い金額だ。オリンピックの開催経費は、こうした初期のうちから、大会を追うごとに増加傾向にあったわけだ。

一〇〇万ドルのオリンピック公債

一九三二年ロサンゼルス大会も、公式報告書に詳しい収支決算は掲載されていない。しかし、どのような収入項目があったかは書かれている。オリンピック公債、入場料、売場使用権、選手村からの収入、利息、そして大会終了後の機器の売却という六項目である。「補助金」という項目はない。

モンタナ州立大学のデイヴィッド・クレイ・ラージ教授が書いた『ベルリン・オリンピック1936』によると、ロサンゼルス大会のために、カリフォルニア州は一〇〇万ドルのオリンピック公債を発行している。前回のアムステルダム大会の総収入が一二一万八二七八ドルだから、一〇〇万ドルの公債は、当時としては巨額である。

入場料も、かなりの金額に達したものと想像される。メーンスタジアムは二三年に完成したロサンゼルス・メモリアル・コロシアムを改修。観客席を増設して、公式報告書によると一〇万五〇〇〇人収容に拡大したが、それでも開会式は満員になったという。

「売り場使用権」は、この大会で初めて見られる収入の項目だ。オリンピック会場内での営業権を売るということで、具体的にどのような業者が買って、どのような営業活動を行ったのか、詳細は書かれていない。いずれにしても民間業者がこの権利を買ったと考えられるので、広い意味で、企業からの収入と見ていいだろう。ただ、一〇〇万ドルものオリンピック公債や、一〇万人スタジアムからの入場料収入を考えると、「売り場使用権」の収入はきわめて限定的だったと見られる。

このロサンゼルス大会では新設した競技施設はなく、既存のものを利用している。この点は八四年ロサンゼルス大会と同じで、結果的に、三二年ロサンゼルス大会も約一五万ドルの黒字になっている。同じ都市で行われた二度のオリンピックで二度とも黒字を出したことは興味深いが、ともに施設を新設しなかったことが大きかったのは間違いない。

一九三二年といえば、まだ旅客機が実用化されていない時代だった。したがって欧州からロサンゼルスに行くには、大西洋を船で渡った上に、米国大陸を東から西まで鉄道で横断する必要があった。このため、大会の組織委員会は主要な商船会社と交渉し、オリンピックに参加する選手と役員は、欧州から米国まで四割引という特別料金だった。さらに東海岸からロサンゼルスまでの大陸横断も、鉄道会社と交渉して二割引となった。これは、オリンピックの組織委員会が民間企業から大掛かりな支援を受けた最初の例と言っていい。民間企業が、それぞれの本業でオリンピック開催にサービスを提供する形は、現在では「オフィシャル・サプライヤー」と呼ばれているが、これはその原型と言える。

このように、これまで以上に民間企業との関係が出てきたロサンゼルス大会だったが、次の大会で、オリンピックは、一気に国家事業としての展開を見せることになる。

ベルリン大会——国家事業への道

次の大会——。一九三六年大会の開催地がドイツのベルリンに決まったのは三一年五月のことだった。このとき、ドイツの首相は中道左派、社会民主党のハインリヒ・ブリューニングだった。しかしその一年八カ月後、三三年一月に、パウル・フォン・ヒンデンブルグ大統領は、国家社会主義ドイツ労働者党、いわゆる「ナチス党」の党首アドルフ・ヒトラーを首相に任命した。その二カ月後の選挙でナチス党は大きく躍進。三六年のベルリン大会は、ヒトラー政権下で行われることになったのである。

よく知られているように、**一九三六年ベルリン大会**は、ナチス・ドイツの国力を世界に誇示する大会として盛大に行われた。公式報告書に収支決算の報告は出ていないが、当時としては桁外《けたはず》れの資金が投入されたことだけは間違いない。

『ベルリン・オリンピック1936』にも、はっきりした数字の記述はなく「合計支出は1億マルク以上と推定されるが、それまでの最高記録であるのは確かだ」とある。

同書によると、メーン会場となったベルリン・オリンピック・スタジアムの建設だけで二七〇〇万ライヒスマルクかかったという。これは当時のレート（一ライヒスマルク＝〇・

二三八ドル）で約六四三万ドルにあたる。メーン会場の建設費だけで、この八年前に行われたアムステルダム大会の総支出の約五倍もかかっているのである。

また、三六年八月八日付の「東京朝日新聞」には、視察でベルリンを訪れている東京帝国大学の岸田日出刀《ひでと》教授が電話取材に答えて、オリンピック関連の建設費について、主要な競技場に計四〇〇〇万ライヒスマルク、付随した道路に一六〇〇万ライヒスマルク、選手村に一二〇〇万ライヒスマルク、合計七〇〇〇万ライヒスマルク（一六六六万ドル）という数字を報告している。記事によれば、七〇〇〇万ライヒスマルクは当時の約九六〇〇万円にあたる。

同じ記事の中に、一九四〇年東京大会（東京大会の開催は、ベルリン大会開幕前日のＩＯＣ総会で決定していた）のメーン会場建設予算は一〇〇〇万円、選手村の建設予算は二〇〇万〜三〇〇万円とある。開催地に決まった直後の非公式な数字とはいえ、比較すると、ベルリン大会に投下された資金がいかに巨額であったかを理解する助けにはなる。

こうした巨額の資金を、誰が出したのか。細かい内訳は分かっていないが、ほとんどが国家の支出だった。

メーン会場の建設が、ベルリン五輪組織委員会による事業からナチス・ドイツの国家事業へと変化した経緯には、次のような逸話が残されている。英国のジャーナリスト、ダフ・ハート・デイヴィスが書いた『ヒトラーへの聖火』によると、ベルリン五輪組織委員会の最初の会合は三三年一月二四日で、これはヒトラーが政権を取る六日前のことだった。

当初、組織委員会は既存の施設を改装し、客席を拡大してメーン会場にする計画だった。財源は全国のスポーツクラブからの寄付、郵政省による記念切手の販売、そして宝くじの発行だった。しかし思うように資金は集まらず、三三年三月一六日、組織委員会のテオドル・レヴァルト委員長は、ヒトラーと面会して支援を要請している。だが、このときのヒトラーの対応は、まだ儀礼的なものだったという。

その七カ月後、ヒトラーの態度は一変した。側近たちの助言から、オリンピックの政治的な可能性を理解したようだった。三三年一〇月五日、改修中の競技場を視察したヒトラーは、レインコート姿でフィールドに降りると、次のように語ったという。

「新スタジアムは国家が建設すべきだ。それがわが国に課せられた義務となろう。ドイツが世界各国の招待主をはたすのだから、準備はどこから見ても完璧、壮大でなければならない」

この結果、改装中の競技場は取り壊されて、新たな競技場が建設されることになった。新競技場の外装はコンクリートではなく、自然石を使うことがヒトラーの指示で決まった。さらにはメーン会場だけでなく、その近くに集会場、野外劇場、一万六〇〇〇人の観客席を持つプール（このプールで前畑秀子が金メダルを獲得した）、ホッケー場、体育館、さらには女子選手のための宿泊施設も建設されることになった。

こうして、オリンピック関連の施設だけで七〇〇〇万ライヒスマルクもの巨額の建設費が投入された。前述したように、これは当時の約九六〇〇万円。三六年の日本の国家予算が二三億四五八万六〇〇〇円だったから、その四％にあたる金額だ。

施設の建設だけでなく、オリンピックの運営にも大々的に資金が投入されている。選手の食事は、各国選手団の食習慣に基づいてメニューが考えられ、七万二〇〇〇キロの肉、一一万キロの野菜、二八万個の卵、一三万リットルの牛乳を用意できる予算が組まれた。さらに、選手村と競技場を結ぶ送迎サービス用の運転士だけで四〇〇人が雇用された。

ナチス・ドイツが、こうした莫大な国家支出を、高い税金と国債の大量発行によって捻《ねん》出《しゅっ》していたことは、現在ではよく知られている。その意味では、ベルリン大会の絢爛《けんらん》さは、ドイツ国民の作り出した富の結実とは言えない。それは、政府が行った自転車操業的な借金なしには成立しないものだったのである。近代オリンピックは、この大会において初めて、国家事業として行われたと言っていいだろう。

ベルリン大会のあと、オリンピックは二大会連続して中止になった。一九四〇年第一二回大会の開催地は東京に決まっていたが、三八年七月、日中戦争の拡大によって、日本政府の意向を受けた組織委員会が開催を返上。IOCはヘルシンキを代替地に決めたが、三九年九月、ドイツ軍がポーランドに侵攻して第二次世界大戦が始まると、同年一一月にソ連がフィンランドに侵攻したため、この時点で四〇年大会は中止になった。

四四年大会の開催地は、第二次世界大戦が始まる直前、ロンドンに決まっていた。しかし戦火は欧州全体に広がり、オリンピックの開催は不可能になった。開催予定だった四四年の六月に、連合軍がフランスのノルマンディー地方で上陸作戦を敢行。これに対してドイツは、八月までの約二カ月間、ロンドンに向けて八五六四発の飛行爆弾（巡航ミサイルの原型）を発射し、約二四〇〇発が着弾。ロンドンは戦禍のただ中にあった。しかし八月二五日、ドイツの支配下にあったパリを連合軍が解放して連合国側の勝利が決定的になると、九カ月後の四五年五月、ドイツが降伏して欧州における戦闘は終わった。

戦後復興の「経費節減」大会

終戦時のロンドンは多大な損害を受けていたものの、そこから三年で**一九四八年ロンドン大会**の開催にこぎつけた。日本とドイツは招待されなかったが、初参加の国が相次ぎ、参加国数と選手数ではベルリン大会を超えた。

実施された競技も全一三六種目とベルリン大会を上回っており、この意味では史上最大規模の大会ということになったが、一方、開催経費の面から見れば、二度目のロンドン大会は、ベルリンとは比較にならない低予算の大会だった。総支出は七三万二二六八ポンド。当時は一ポンドが四・〇三ドルだから、換算すると二九五万一〇四〇ドルになる。ベルリン大会はオリンピック関連施設の建設費だけで約一六六六万ドルだったから、文字通り、ロンドン大会は一ケタ少ない。

注目すべきは、国家からもロンドン市からも補助金は出ていないという点だ。終戦後は失業率が高く、税収も落ち込んでいたため、政府はオリンピックに補助金を出す余裕がなかった。しかし、税金は一切投入されなかったにもかかわらず、大会の収支としては、実に二万九四二〇ポンドの黒字が出ているのである。

これは、それだけ経費が低く抑えられた結果だ。経費を抑えることができたのは、政府が施設の提供で大々的に協力したことが大きかった。宿泊施設として空軍の基地や療養施設が提供され、陸軍からは通信施設や馬術競技用の馬、厩舎《きゅうしゃ》などが提供された。当時のイギリス政府は、戦後復興の途上にあって外貨が不足していた。施設提供でロンドン大会開催に積極的に協力して、国外から観光客を集め、外貨獲得の契機になることを期待していたのである（当時の外務大臣アーネスト・ベビンが、そのような背景を書簡に書き残している）。

実際、オリンピックが開催された四八年七月には、九万人の外国人がイギリスを訪れた。これは戦前の同時期と比較して二五％の増加だったという。企業による営利日的の支援ではなく、政府が経済的な目的をもってオリンピックを支援するということは、この時代から行われていたわけだ。

総収入は七六万一六八八ポンド。入場料、プログラム販売などスポーツからの収入が五四万五六二八ポンドで、全体の七二％を占めている。あとは選手や役員の宿泊、食事、輸送による収入が一七万四〇九七ポンドで、これを含めると総収入の九四％に達する。プログラムに広告は掲載されず、企業からの収入はなかった。

最後の「小さなオリンピック」

第二次世界大戦後、二度目のロンドン大会で復活を遂げた近代オリンピックは、以後、安定期に入った。一九五二年ヘルシンキ大会と一九五六年メルボルン大会は、いずれもよく似た収入構造によって開催されている。

その特徴は、(1)入場料と、選手および役員の宿泊、食事に対する支払いが、二大収入源となっている(2)その他の収入の中では、プログラムの販売が重要な収入源になっている(3)第二次世界大戦前の大会とは異なり、寄付による収入が非常に少ない(4)どちらの大会も赤字が出ている。ヘルシンキ大会は四九〇万マルッカ(約一万五三一三ドル)、メルボルン大会は三〇万豪ポンド(約一三万三九二〇ドル)——という四項目だ。

公式報告書によれば、ヘルシンキ大会に合わせて、フィンランド政府は新しい飛行場、電話ケーブル、そして道路の建設に一億四八一九万八〇〇〇マルッカを投入しているが、これはオリンピックの収支決算には入っていない。また、メルボルン大会の三〇万豪ポンドという比較的大きな赤字については、国家が債務を保証している。世界の五大陸から三〇〇〇人以上の選手が参加する大会となったオリンピックは、インフラの建設、および大会後の債務保証という点で、政府の協力を必要とするものになっていたということだ。

ただ、大会の収入内容を見てみると（1）と（2）の「個人の金」が大半を占めている。この二つだけで、ヘルシンキ大会は総収入の七八％、メルボルン大会は九一％を占める。ヘルシンキ大会では収入項目の中に「広告」という項目も見られるが、金額的には総収入の〇・三％でしかない。言い換えれば大会の運営に影響を与えるレベルではない。「個人の金」が収入の大半を占めていれば、スポーツイベントは独立性が高くなって、外部からの介入を受けにくい。近代オリンピックの歴史上、一九五〇年代に行われたこの二大会は、まさにそのような大会であり、「個人の金」で運営が可能だった大会、いわば最後の「小さなオリンピック」だった。メルボルン大会は参加六七カ国、三一七八人で、行われたのは一七競技だった。

この点について、一九七二年から八年間、第六代のＩＯＣ会長だったロード・キラニンは、回顧録『オリンピック激動の歳月』の中で次のように書いている。

「一九五六年のメルボルン大会――それはいまから思えば、オリンピックが今日のように肥大化し、複雑かつ大規模な世界的テレビ・ショーになる前の、いわば最後の古いタイプのオリンピックであった」

五六年当時、キラニンは母国アイルランドのオリンピック委員会委員長で、同時にＩＯＣ委員でもあった。そのキラニンでさえ、アイルランドからメルボルンまで行く経費は、自分で調達しなければならなかった。テレビマネーを含む「企業の金」が流れ込む以前のオリンピックでは、ＩＯＣ委員でさえ活動費は自己調達するのが普通で、会社の重役であったキラニンの場合、カラチとボンベイ（現ムンバイ）にあった工場を出張訪問する延長として、メルボルンに行くことができたのだという。つまり、会社の経費を使ってオリンピック開催地まで足を運んでいたわけだ。大会期間中のメルボルンにおいても、ＩＯＣ委員には市内バスの無料パスが支給されるだけで、現在のように一人一台の専用車など用意されてはいなかった。

こうした質素な運営であれば、「個人の金」中心でオリンピックの経費を賄うことも可能だということだろう。

アディダスの戦略と「商業主義」の萌芽《ほうが》

このように、一九五〇年代のオリンピックでは、企業が運営に介入するという意味での商業主義は、まだ入り込む余地がなかった。

だが、もう一つの商業主義――選手が特定企業の用具を使用してオリンピックの場で広告塔の役割を果たす、つまりオリンピックが商品宣伝の舞台になるという意味での商業主義は、メルボルン大会にその萌芽があった。

具体的に、何があったのか。ドイツのスポーツ用品メーカー「アディダス」の創業者であるアドルフ・ダスラーの息子、ホルスト・ダスラーがメルボルンを訪れ、陸上競技の一流選手に、アディダスのシューズを大量に無料配布したのである。これは、スポーツ用品メーカーが世界市場を意識して行った最初のプロモーションだった。このとき、ホルスト・ダスラーはまだ二〇歳の青年だったが、人並み外れた外交能力によって、その後、スポーツ界の様相を変えていくことになる。

アディダスは、その前身である「ダスラー兄弟商会」の時代、一九二八年アムステルダム大会からオリンピック選手にシューズを提供していた。当初は自国ドイツの選手に限られ、それが販売促進につながるという概念はなかった。より優れた製品を作るために、トップアスリートの意見を聞くことが主な目的だった。

自国開催となった三六年ベルリン大会では、根っからの靴職人だったアドルフ・ダスラーが、大会開幕の前夜、米国のジェシー・オーエンスにベルリン市内で面会している。オーエンスの米国における実績を知っていたダスラーは、自分が作った最新の製品を、この注目の黒人選手に提供した。その後、オーエンスは陸上競技で史上初の四冠を獲得するわけだが、このような空前の偉業さえ、当時は世界的な販売促進につながることがなかった。そもそもオーエンスが履いたシューズは「ダスラー兄弟商会」時代のもので、のちにアディダスのトレードマークとなる「スリーストライプ」は付いていなかったから、当時の映像や写真を見ても、彼の履いているシューズがどのメーカーのものか判別はつかない。

また、オーエンスは米国に帰国後、有名アスリートにはなったものの、当時、オリンピックに出場できる選手は、スポーツから金銭的な恩恵を受け取らない「アマチュア選手」に限られていたため、オーエンスが特定の企業のために販売促進活動をすることはできなかったのである。

第二次世界大戦が終わると、ダスラー兄弟の弟アドルフが「アディダス」を設立した（この会社名は、アドルフの呼び名「アディ」と、名字の「ダスラー」をつなげたものである）。そして、シューズの強度を上げるために使っていた三本線を、四九年にアディダスのトレードマークとして登録した。

メルボルン大会は、三本線がトレードマークとなってから七年後のオリンピックだった。当時、テレビ中継はまだ行われていなかったが、大会の現場や新聞報道を通して、世界のトップ選手が「三本線」のシューズを履いていることを人々に認識させるチャンスだった。

世界のトップ選手が履いていれば、あとに続く、トップを目指す選手たち（あるいはトップ選手に憧《あこが》れる選手たち）はそのシューズを欲しがるようになる。したがって、トップ選手に無償でシューズを提供することは、メーカーにとって非常に効果的な投資になる。今日では常識となっているこのプロモーション手法を、歴史上初めて、明確に認識して実行したのが、当時まだ二〇歳のホルスト・ダスラーだったのである。

ホルストは創業者アドルフの五人兄妹の長男。父親が、よい製品を作り出すことに最高の価値を置く「職人」だったのに対し、長男は経営者としての才能に恵まれていた。メルボルン大会のとき、アディダスは大量の自社製品を船便で豪州に送ったが、ホルストはこれをメルボルン市内の小売店に無料で置き、そこに各国の選手たちを招待したのである。

すでにアディダス製品を使っている選手は少なくなかったが、ドイツ以外の国の選手に爆発的に普及したのはメルボルン大会がきっかけだった。陸上競技で一〇〇m、二〇〇m、四〇〇mリレーの三冠に輝いた米国のボビー・モロー、三段跳びで金メダルを獲得したブラジルのアデマール・フェレイラ・ダ・シルバ、円盤投げでメルボルン大会から四連覇の偉業を達成する米国のアル・オーター。短距離、跳躍、投てき、すべての種目において、ドイツ以外のアスリートが、アディダスを使用して金メダルを獲得している。

こうしてアディダスは、メルボルン大会の選手村で最も人目を引くブランドになった。そしてこのあと、世界的なスポーツ用品メーカー同士の、有名選手獲得をめぐる戦いが本格化し、オリンピックがスポーツ用品メーカーにとって最大のプロモーションの場になっていく。その出発点が、メルボルン大会にあったと言える。

スパイクシューズの無償提供が許された理由

アスリートにスパイクシューズを無料で提供することが、なぜ当時のアマチュア規定に抵触しなかったのか。この点について確認しておこう。

オリンピック憲章の中で「アマチュア定義」という項目が最初に掲げられたのは、一九三八年版の憲章においてだった。当時の憲章では、オリンピックに参加できるのは各競技団体からアマチュアと認定された選手に限る、とした上で、アマチュアの定義について、次の三点を具体的に記述している。

1　他のいかなるスポーツにおいてもプロフェッショナルであってはならない（一部略）。

2　大会参加のために失われた俸給の払い戻しや補償を受けてはならない（一部略）。

3　体育授業またはスポーツを専門に指導することで収入を得ている学校の教師は参加資格がない。

1は、例えばプロ野球でプレーしたことがあれば、陸上競技の選手としてオリンピックに出場することはできないということだ。2の規定は、現在では信じられないような話だが、オリンピックに出場する選手は、出場のために勤務している会社を欠勤した場合、休職扱いでなければならず、その期間の給与を受け取ってはならないことになっていた。3は、例えば中学や高校の体育教師はオリンピック選手になれないことを意味していた。この定義は、メルボルン大会の時点でも、基本的に変わっていなかった。

「スポーツ用品を無償で提供されることが、許容されるかどうか」については、憲章の中に具体的な記述は何もない。参考になるのは憲章ではなく、IOCが一九四六年に発表した「アマチュア資格に関する決定」という報告文だ。これは当時のIOCに寄せられた、アマチュア資格にまつわる具体的な質問に答えた回答集だった。

その中に、次のような部分がある。

オリンピック出場に際して、選手に対して支給が許される「ポケット・マネー」の金額はいくらまでか、という問いに対して「洗濯代、バス、電車賃などの実費は一日英貨三シリングを超えない範囲での支給は許される」と答えている。このように、戦後のオリンピックでは、選手がすべての経費を負担するのではなく、現実的な範囲で援助を受けることについては、許容する方針が打ち出されていた。「洗濯代、バス、電車賃」の実費を受け取っていいのなら、スパイクシューズの無償提供などは、許容範囲内だったと考えられる。

アマチュアリズム導入の経緯

そもそも、近代オリンピックにアマチュアリズムが導入されたのはなぜなのか。この点も確認しておこう。アマチュアリズムは、クーベルタンが考え出したものではない。また、第一回アテネ大会からアマチュアリズムが導入されていたわけでもない。

オリンピックがアマチュア選手の大会になったのは、一九〇八年ロンドン大会からだ。当時はまだ、ＩＯＣも「オリンピック憲章」を発行してはいなかった。オリンピックへの参加資格は、第三回セントルイス大会まで、ＩＯＣではなく、大会ごとに組織委員会が決めていたのである。

近代オリンピックは、歴史上初めての世界的なスポーツ大会であり、一八九六年アテネ大会のときには、まだ国際陸上競技連盟（IAAF＝一九一二年）も国際サッカー連盟（FIFA＝一九〇四年）も存在していなかった。競技ごとの世界的統括団体が設立されるより前に、オリンピックがスタートしているのである。結果的に、参加資格を厳密には規定しないままスタートすることになった。

事実、セントルイス大会まで、プロ選手はオリンピックに出場できないという規定はなかった。実際に、一九〇〇年パリ大会では、陸上競技や自転車競技でプロ選手が出場している。また、陸上競技や馬術競技では選手に賞金も出ている。

このような混沌《こんとん》とした状況に一つの解答、つまり選手の参加資格について明確な基準を打ち出したのが、一九〇八年ロンドン大会の組織委員会だった。ロンドン大会への参加資格として「アマチュアのみに限定される」と、明確に規定したのである。

ロンドン大会の組織委員会が、このような規定を設けたことは自然な流れだったと言える。そもそも、アマチュアという概念を確立したのは英国のスポーツ界だったからだ。

英国貴族の「アマチュア」概念

アマチュアという概念を最初に成文化したのは英国の陸上競技連盟である「アマチュア・アスレチック・クラブ」で、一八六六年に初めて競技会を開催するにあたって、参加資格を「アマチュアに限る」とした。そのうえで、どういう選手をアマチュアと認めないかについて記述した。（1）賞金を目当てにプロフェッショナルと競技をした者（2）生活費を得るために競技を教えた者（3）雇用者としての機械工、職工、工場労働者、である。

今日の常識から見れば、（3）は職業によって選手を明白に差別しているわけだが、このようなルールがまかり通った背景には、当時の英国社会の状況があった。

世界でいち早く産業革命の起こった英国では、一九世紀前半、都市部に人口が集中し始めると、長距離走の「賭《か》けレース」が観客を集めるようになった。当時の新聞には、毎週こうしたレースの結果と、次週のレースの時間と場所が大々的に報道されている。こういった「賭けレース」には、賭け金や賞金のために走るプロのランナーがいたのである。英国の陸上競技連盟が、第一回の競技会にあたって「アマチュアに限る」としたのは、こうした「賭けレース」に出場しているプロランナーを排除することが目的だった。

では（3）の「雇用者としての機械工、職工、工場労働者」は、なぜアマチュアと認められないのか。

この項目は「アマチュア」という概念を作り出した英国特権階級の排他性をよく反映している。英国の特権階級とは、まず貴族のことを指していたわけだが、彼らは地主であったため、そもそも「労働」をする必要がなかった。彼らにとって、金を稼ぐために働くことは恥ずべきことだった。彼らがスポーツをやるときは、スポーツによって得られる「楽しみ」や「喜び」だけが目的だった。これは「ジェントルマン」の理念として非常に重要な部分で、彼らにとっては、果実（金銭的報酬）を生み出さない非生産的な行為にこそ価値があった。それは、金銭のために働く人々と自分たちを区別する価値観だったからだ。

一九世紀の英国では、社会の階層が「ジェントルマン」と「ノン・ジェントルマン」とに分かれていて、これは就いている職業によって明確に規定されていた。貴族、聖職者、法廷弁護士、内科医、大学教授、パブリック・スクールの教師などが「ジェントルマン」

とされていたが、言い換えれば、経済的な生産活動にかかわらない人々のことだった。この「ジェントルマン」が行うスポーツに参加する資格として、彼らが規定したのが「アマチュア」という概念だったわけだ。したがって、産業革命の結果として大幅に増えた、経済的な生産活動に従事する「雇用者としての機械工、職工、工場労働者」はノン・ジェントルマンであって、それだけでアマチュアから除外されていたのである。

一九〇八年ロンドン大会の組織委員会は、この特権階級の人々、「ジェントルマン」たちによって構成されていた。委員長のディズボロー卿《きょう》はオックスフォード大学のボート・クラブおよびアスレチック・クラブの会長を歴任した人物で、同時にＩＯＣ委員でもあった。組織委員会にはケンブリッジ大学アスレチック・クラブで会長を務めた貴族もいた。彼らが大会の参加資格に「アマチュア」を持ち込んだのは当然の流れだったと言えるだろう。この流れを汲《く》んで、のちにオリンピック憲章にも「アマチュア」という言葉が登場することになるのである。

オリンピックと商業主義というテーマを考えるにあたって、ＩＯＣという組織が、そもそも、こうした「ジェントルマン」たちが始めたものであったことを忘れてはならない。

興味深いのは、近代オリンピックの創始者であるクーベルタンは、この英国の貴族たちほどアマチュアリズムを重要視していなかったことだ。近代オリンピックへの参加資格としてクーベルタンがアマチュアリズムを導入したことは事実だが、ＩＯＣが発行している「国際オリンピック委員会の百年」によると、彼はその後、アマチュアリズムの厳格な適用が現実的ではないことを理解して、次のように発言している。

「私には、スポーツ選手が五フランを受け取ったかどうかで全てが決まると考えるのは、教会を守る聖堂番がサラリーを受けとるので直ちに不信者と考えるのと同じように子ども染みたことに思える」

「追求され、非難さるべき非常に多くの贋《にせ》アマチュアがいる一方、誤ってプロとされた者も非常に多い、これは救済されねばならぬ」

しかし、こうしたクーベルタンの考え方は、ＩＯＣ内部ではむしろ少数派だったようだ。クーベルタンがＩＯＣ会長を退任したあと、第三代会長アンリ・ド・バイエ・ラツール（一九二五〜四二）、第四代会長ジークフリード・エドストローム（一九四六〜五二）、第五代会長アベリー・ブランデージ（一九五二〜七二）の時代まで、オリンピックは、矛盾をはらみながら「アマチュア選手の大会」として行われたのである。

選手がメーカーに報酬を要求

「オリンピックと商業主義」という観点から見れば、**一九六〇年ローマ大会**は、いくつかの意味で近代オリンピックの大きな転換点であり、ユニークな大会だったと言える。

商業主義の二つの形である（1）オリンピックの開催に企業の金が入る（2）選手が特定企業の用具を使用してオリンピックの場で広告塔の役割を果たす、の両方が、ローマ大会から新しい段階に突入したのである。

（1）に関して言えば、世界的なテレビの普及によって、テレビ放映権料というものが、この年から販売されるようになった。二月に米国カリフォルニア州のスコーバレーで行われた冬季大会の放映権料を米国のCBSが五万ドルで買ったことが、オリンピックにおける最初の放映権売買だったが、夏季大会としてはローマ大会が最初だった。

ローマ大会の放映権料は、IOCの公式資料によると総額一二〇万ドル。当時のレート、一ドル三六〇円で換算すると四億三二〇〇万円になる。欧州に中継されたほか、海外に向けては米国、カナダ、日本で放送された。当時はまだ通信放送衛星が実用化されていなかったため、撮影したフィルムが空輸され、各国で放送されていた（世界で初めて通信放送衛星が打ち上げられたのは一九六二年のことである）。

（2）に関しては、大会のスター選手の一人で、当時の陸上競技男子一〇〇m世界記録保持者だった西ドイツのアルミン・ハリーが、スパイクシューズの無償提供を受けるだけでなく、メーカーに対して報酬を要求し始めたことが象徴的な出来事だった。ハリーは、人類史上初の一〇〇m一〇秒フラットの世界記録を出した選手で、もともと自国のスポーツ用品メーカーであるアディダスからシューズの提供を受けていた。ハリーは米国の競技会に自費で参加したことがあり、そこで自分の商品価値に目覚めたのだという。帰国したハリーは、アディダスに対して、彼を米国における卸売業者に指名して「一万足を提供してほしい」と伝えたが、アドルフ・ダスラーはこれを受け入れなかった。

するとハリーは、アディダスの競争相手である、アドルフ・ダスラーの兄ルドルフ・ダスラーが創設した「プーマ」と接触したのである。仲介したのは、プーマを使用していた同じドイツの十種競技の選手だった。結局、ローマ大会の男子一〇〇m決勝で、ハリーが履いたのはプーマだった。

この逸話には続きがあり、ハリーは決勝で勝ったあと、アディダスを履いて表彰台に上がった。彼としては両社に対して交渉力を発揮したかったようだが、この行動は両社から反発を買い、結局、ハリーはどちらとも継続的な関係を築くことはできなかった。こういった選手が登場したことは、オリンピックにおける商業主義が新しい段階に入ったことを表していたと言える。

赤字を「トトカルチョ」で穴埋め

大会運営という観点から見ても、ローマ大会はユニークで注目すべき大会だった。というのも、過去の大会とはまったく違う財源があったからだ。それは、サッカーくじの「トトカルチョ」である。

イタリアのトトカルチョは、第二次世界大戦で荒廃したスポーツ施設を復興するという大義のもと、一九四六年に始まっている。運営を受け持ったのは、イタリア・オリンピック委員会（Comitato Olimpico Nazionale Italiano＝CONI）だった。売り上げは年を重ねるごとに増え続け、五七―五八年シーズンには三九三億リラ（二三五億八〇〇〇万円）を記録している。五八年当時の三九三億リラを、二一世紀の価値に換算すると約二四倍に相当し、九四三二億リラということになる。当時のレートで円に換算すれば、五六五九億二〇〇〇万円である。

六一年に東京都が発行した「オリンピック・ローマ大会視察報告書」等によると、当時は、売り上げの四七％が払戻金、三五％が税金、そして一八％がＣＯＮＩの収入になっていた。ローマ大会の主要な会場は、このＣＯＮＩの収入から建設された。メーンスタジアムの陸上競技場、オリンピック・プール、自転車競技場、サッカー会場となったフラミニオ競技場、そしてバスケットボールの会場となった体育館などが、トトカルチョの収益によって建設されている。

ローマ大会の公式報告書に、大会の収支決算は載っていない。しかし東京都による「オリンピック・ローマ大会視察報告書」に、組織委員会の発表による概算が記述されている。二通りの数字が出ているが、どちらも赤字決算であることに変わりはない。赤字額が大きい方を採り上げてみると、次のような数字になっている。

総収入＝三六億リラ（二〇億八八三〇万円）
総支出＝四九億リラ（二八億四二四〇万円）

差し引き一三億リラ（七億五四一〇万円）の赤字である。この赤字分は、ＣＯＮＩからの補助金と、オリンピック大会記念映画の配給収入によって穴埋めされたという。総支出の四九億リラ、当時のレートで二八億四二四〇万円は、五六年メルボルン大会の総支出が二〇六万豪ポンド、当時のレートで三億三一二〇万円だから、桁違いに増大している。

また、いわゆるセレモニーが過剰に豪華になっていく傾向も、この大会から見え始めている。予算書を見ると、聖火リレーの関係費だけで四〇〇〇万リラ（二三二〇万円）。ギリシャのアテネからイタリアのローマに運ぶだけだから、ヘルシンキやメルボルンに比べればはるかに近距離のリレーだったわけだが、予算の詳細を見ると、聖火トーチに一〇〇〇万リラ（五八〇万円）、輸送、儀式、参加者の衣服等に三〇〇〇万リラ（一七四〇万円）となっており、その豪華なリレーぶりが分かる。

一方で、収入面では、入場料収入がいちばん大きなパーセンテージを占めていたものの、入場券自体はそれほどよく売れたとは言えない。入場券全発行枚数に対する売上率は四五・六％に過ぎなかった。半分以上のチケットが売れ残ったということだ。競技別に見ると、ホッケーは一一・六％、開催国のイタリア勢が金メダルを獲得している自転車競技でも一九・五％しか売れていない。メーンスタジアムで行われた陸上競技も四〇・九％の売り上げに止《とど》まった。競技としては人気が高いはずのサッカーも五四・二％に過ぎなかった。

もう少しチケットを売ることができれば赤字は圧縮できたはずだが、当時、オリンピックのブランド力は、イタリアではそれほど高くなかったということだろう。

「放映権料」という新たな収入源

しかし、最終的な赤字に対しても税金は投入されていないという点で、ローマ大会は異例の大会であり、定着したトトカルチョ文化が生み出す財源――つまりは、間接的な民間資金によって赤字を帳消しにした大会だった。

「視察報告書」の中で、総収入の内訳は、ところどころでポイントが書かれている。それによると、入場料収入が二一億リラ（一二億一八二〇万円）で全体の五八％。テレビ放映権料は合計八億六〇〇万リラ（四億六七五〇万円）となっている。この金額は、IOCが発表している放映権料の合計一二〇万ドル（四億三二〇〇万円）と、ほぼ一致している。

テレビ放映権料は、総収入の二二％に過ぎなかった。これはまだ、テレビ局が大会の運営に影響力を発揮できるパーセンテージではない。

ただ、放映権料の内訳を見てみると興味深い。放映権料は、ローマ大会の組織委員会がテレビ局と個別に契約していたが、契約先は四つだった。西欧の一二カ国で構成されていたユーロビジョン、東欧四カ国で構成されていたインタービジョン、北米のカナダ、米国で放送したCBS、そして日本で放送したNHKである。金額の内訳は以下のとおり。

ユーロビジョン＝三億七二〇〇万リラ（二億一五八〇万円）
インタービジョン＝三一〇〇万リラ（一八〇〇万円）
CBS＝三億七二〇〇万リラ（二億一五八〇万円）
NHK＝三一〇〇万リラ（一八〇〇万円）

西欧のユーロビジョンとＣＢＳ、東欧のインタービジョンとＮＨＫが同じ金額になっている。米国のＣＢＳはすべて録画放送だったにもかかわらず、生中継が可能なユーロビジョンと同額——全体の四六％にあたる金額を払っていることは注目に値する。

ローマ大会の予算計画を見ると、収入の中にテレビ放映権料は計上されていない。これは、東京都の「視察報告書」によると、放映権料を売ること自体が初めてだったため金額の予測がつかず、予算計画から除外されていたのだという。まだ総収入の二二％だったが、この放映権料が、オリンピックの収益構造を大きく変えていく収入源の始まりだったのである。

選手村は公務員住宅

大きな赤字が出ているものの、ローマ大会は運営上でも、きわめてよく計画された大会だった。この大会で最も大きな予算が組まれたのは選手村の関係費用だったが、この選手村の建設と運営を見ても、ローマ大会の周到さを理解できる。

選手村建設の経緯は、次のようなものだった。日本、ドイツと同様、第二次世界大戦の敗戦国だったイタリアは、連合国による空襲と地上戦で、国土は荒廃した。ローマでも、住宅を失った人々が空き地にバラックを建て、一部でスラム街が形成された。そのうちの一つだったカンポ・パリオリ地区の住民を新築した公営アパートに移転させ、空いた土地にローマの公務員住宅が建設された。これをオリンピック期間中だけ組織委員会が借り受け、大会が終わったのち、公務員に引き渡すという方法を取った。つまり、選手村（公務員住宅）の建設は、敗戦後に形成されたスラム街の再生という、ローマの住宅問題解決を兼ねていたのである。東京都の「視察報告書」にも「ローマ市およびオリンピック関係者が、終始一貫百年の先を考え、オリンピックを市民恒久の利益に結びつけようとした態度には、学ぶべきものの多いことを感じた」とある。

ローマ大会は、日本円にして、初めて億単位の赤字が出た大会だったという意味では、巨大化、コスト高の傾向がはっきりと出始めた大会だった。テレビ放映権料という新たな財源が生まれたものの、まだその金額は小さく、オリンピックは、見栄えのいいものにしようと思えば赤字を余儀なくされる巨大イベントになっていたことは間違いなかった。

しかしその後、赤字を警戒して、収支を厳しく管理する方向へ向かったかというと、そうはならなかった。次のオリンピックは、日本の首都・東京で開催されたのである。

東京オリンピックの経済的評価

一九六四年東京大会は、九三カ国、五一五二人の選手を集めて開催され、当時の日本のメディアで「一兆円オリンピック」と表現された。一兆円というのは、次の三つの支出を、すべて「東京オリンピックのために使われたお金」として概算した数字である。

（1）大会の運営費＝九九億四六〇〇万円
（2）競技施設の建設費＝一六五億八八〇〇万円
（3）大会に合わせて整備されたインフラ経費＝九六〇八億二九〇〇万円

金額はすべて、公式報告書に出ている数字だ。この三つを合計すると九八七三億六三〇〇万円になる。このため「一兆円オリンピック」と表現されたわけだ。東京大会の行われた六四年の日本の国家予算が三兆二五五四億三八〇〇万円だから、その三分の一近い金額がオリンピックにつぎ込まれたことになる。これは大変な金額だ。

当時も「国民の血税を使って、ここまでやる必要があるのか」という意見はあった。しかし、東京大会が赤字だったか黒字だったかを判断するには、そもそも、どこまでを「オリンピックのために使ったお金」と考えるのか、その定義によってまったく変わってくる。

まず「一兆円」の大半を占める（3）のインフラ整備は、東海道新幹線（三八〇〇億円）、首都高速道路を含む道路（一七五二億七九〇〇万円）、上下水道（七二四億九九〇〇万円）、首都圏の地下鉄（一八九四億九二〇〇万円）、私鉄の都心乗り入れ工事（二八五億一三〇〇万円）といったもので、今日では、存在することが当たり前のものだ。六二年に人口が一〇〇〇万人を超えた日本の首都・東京に、新幹線や高速道路や地下鉄が必要なかったと言う人は、たぶんいないだろう。いずれの事業も、敗戦後の復興に向けて、オリンピック招致が決まる前から構想されていたものだった。東京大会の開催によって完成が早まったことはあっても、オリンピックのためだけに作ったものではない。つまり（3）に投入された税金は公共のために使われたのであって、オリンピックのための経費ではないと言っていいだろう。

一方、（2）の競技施設の建設は、オリンピックの会場とするために建設（整備・拡張）されたわけだからオリンピックのための経費として捉《とら》える、と公式報告書に書かれている。しかし、オリンピック終了後、数十年を経過して分かることは、スポーツ施設も、規模と場所が適切であれば生活インフラに近いものになるということだ。

東京大会に向けては、まず、国の税金で国立競技場の拡充（一一億七八〇〇万円）、代々木第一、第二体育館の建設（三一億一一〇〇万円）、戸田漕艇《そうていじょう》場の整備（三億一八〇〇万円）、朝霞《あさか》射撃場の整備（三億一〇〇〇万円）などが行われた。また、東京都の税金で駒沢オリンピック公園総合運動場が建設された（四六億七三〇〇万円）。日本武道館は、国の税金と財界、一般からの寄付金など二二億一〇〇〇万円で建設されている。

これらの施設は、現在に至るまで、様々に活用されている（朝霞射撃場は自衛隊体育学校の射撃場となっている）。ボートはマイナー競技ながら、戸田漕艇場では全日本選手権、全日本軽量級選手権、大学選手権、全日本新人選手権といった全国大会が毎年開催されているだけでなく、市民大会や大学個別の大会、日本代表チームの合宿も行われている。現在は県営戸田公園として管理されており、一般のボート教室も行われている。

建設当時の代々木体育館は第一、第二と二つ作る構想から、一つに減らす方向になりかけたが、設計者である建築家の丹下《たんげ》健三が当時大蔵大臣だった田中角栄を訪ねて予算を要請、その結果、構想通りに建設されたという逸話を自伝に書いている。その後、代々木第二体育館は日本のバスケットボールの聖地となったほか、バドミントンやレスリングの会場としても定着している。オリンピックのために建設したことは事実だが、長期的に見て「第二体育館など必要なかった」という批判はほとんどないと言っていいだろう。

一方で、大会後にあまり活用されなかった施設もある。埼玉県の所沢市に建設された、クレー射撃用の所沢射撃場だ。これは埼玉県の税金で建てられたもので、仮設の観客席（一二八四席）を含め、総工費一億四二〇〇万円という地方自治体にとっては大きな事業だった。オリンピックのあとはアジア大会や国体で使用されたものの、所沢市の人口増加にともなって七二年に閉鎖され、現在では、跡地に県立所沢おおぞら特別支援学校が建っている。大会後の利用価値という面から見れば価値の低いものだった。オリンピック期間中、クレー射撃の開催は三日間だけで、オリンピックのあとも、周辺地域へのいわゆる経済効果はきわめて限定的なものだったに違いない。他の施設に比べると、射撃場への税金投入を喜ばない埼玉県民もいたと思われる。

このように、オリンピックの開催にまつわる投資で、投入された税金に見合う具体的な便益の少ない、まさにオリンピックのための税金投入になりがちなのは、いわゆるマイナースポーツの競技場建設であることが分かる。

何がマイナースポーツであるかは国によって異なるが、射撃やヨットといった、大観衆が観戦できるようになっていない競技の会場を、どのように効率的に整備するのか——これが、オリンピックを経済的に開催するための重要なテーマになる。

東京大会の場合、ヨットの競技場は、神奈川県の税金で建設された。二四億八二〇〇万円という巨費を投じて、湘南港の中に「江の島ヨットハーバー」が作られたのである。ヨットは、観客が集まって周辺に経済効果を及ぼす競技ではない。実際、東京大会の全競技の中でも、ヨットは売れた入場券が二五八一枚と最も少ない競技だった。その競技に二四億八二〇〇万円とは、あまりに巨額の投資ではないかという声は当時からあった。六四年二月に出版された『オリンピックの経済診断』という本の中でも「ヨットとか（略）どちらかといえば一般国民に関係のないブルジョア・スポーツに投じられる金があまりにも多過ぎるように思う」と批判されている。

費用が巨額になったのは、栈橋やヨットハウスの建設以外に、防波堤の建設や、その内側の埋め立てといった大規模な土木工事が必要だったからだ。国立競技場の拡充工事でさえ一一億七八〇〇万円だったのだから、その二倍に相当する大金がヨットの競技場建設に注《つ》ぎ込まれたわけだ。

しかし、大会後の利用という点に目を向けると、江の島ヨットハーバーの利用率はきわめて高い。現在でも、江の島ヨットハーバーを拠点にしたレースは、全国レベルから県レベル、大学や高校の大会まで、年間一〇〇レースを超えている。競技以外でも、子供から高齢者までヨットに体験乗船できる試みがボランティア団体によって行われており、江の島に人が集まる理由になっている。

東京大会が行われた六四年は、第二次世界大戦が終わってわずか一九年後のこと。オリンピックは、空襲で破壊された東京に、様々なスポーツの基本的なインフラを整える最大の契機だったわけだ。新設または整備・拡充された施設の中で、大会後の利用が少なく、間もなく閉鎖になったのはクレー射撃の所沢射撃場だけだ。

総合馬術競技のために、長野県の税金（一億二〇〇〇万円の予算）で整備された軽井沢総合馬術競技場のように、そもそもオリンピックのために仮設で作られ、終了後は撤去された競技場もある。オリンピックの開催地になることで得られる知名度は、地元にとってメリットになり得るが、一億二〇〇〇万円の税金投入に見合っていたかどうかは意見が分かれるところだろう。このように、大会後の利用価値が低いマイナースポーツの競技場建設で、埼玉県や長野県など、地方自治体の税金が投入されている。

こう見てくると、一六五億八八〇〇万円の税金を投じた競技場施設のすべてが、大会後も、公共施設として恒久的な財産になったとは言えない。公式報告書から概算すると、税金で建設されながら、大会後に閉鎖されたり、オリンピックの期間中だけ利用された仮設への投資が、全部で三億円程度はあった。これを多いと見るか、アジア初のオリンピックを成功させるための必要経費として妥当と見るかは、意見が分かれるに違いない。

ただ、東京大会の競技施設は、ボクシング会場には後楽園アイスパレス、フェンシング会場には早稲田大学記念会堂と、既存の施設も活用されていて、随所で経済性も追求されている。自転車競技場のトラックの建設工法や、カヌー会場のワイヤーの設置方法などは、研究された末に、経済性を優先した方法が採用されている。東京大会が国家事業であったことは確かだが、ナチス・ドイツがやったベルリン大会のような、金に糸目をつけない大会とは違ったと言えるだろう。

東京オリンピックの黒字は「税金」と「寄付金」

通常、オリンピックが赤字か黒字かは、大会の運営にかかる支出が、収入より多かったか少なかったかで判断される。運営費にはいろいろあるが、東京大会の場合、代表的なものは、次の通りだった。

- 競技費＝競技用具の用意、練習場の借り上げ、デイリープログラムや記録の印刷など
- 選手村の運営費＝東京大会の選手村は、「ワシントンハイツ」と呼ばれていた都内の米軍兵舎・家庭用住宅が日本に返還され、これをそのまま利用したため、新たに建設する必要はなかった。運営費としては食事の用意、備品の用意、光熱費、選手村従業

員の人件費など

・式典費＝開会式、閉会式、聖火リレーにかかる費用

そのほか組織委員会の人件費や事務所の維持費、大会役員の大会時の被服費や旅費などが大きな支出となっている。さらにはプレスセンターの運営、ＩＯＣ総会の運営、ＩＯＣ委員や各国選手団長の接待、通訳の賃金、ＩＤカードや入場券の発行、選手と役員の競技場への輸送から、ヨット競技にともなう漁業権者への協力謝金など、オリンピックの運営には様々な支出がある。支出は合計で九一億九六〇〇万円に達した。

こうした支出を、どのような収入で賄ったのか。結論から言えば、東京大会は九九億四六〇〇万円の収入があって、七億五〇〇〇万円の黒字だった。この収入が、どのようにもたらされたのか、詳しく見ていこう。

東京大会の開催による収入、いわゆる「事業収入」とは、次のようなものだった。

・入場料収入＝一八億七一〇〇万円

・プログラム収入＝三五〇〇万円
・記録映画配給収入＝七億三七〇〇万円
・テレビ放映権料＝六億円
・選手団負担金＝三億七二〇〇万円

前回のローマ大会とは違って、東京大会はチケットが実によく売れた大会だった。いわゆるマイナースポーツでも、発売枚数の九〇％以上が売れている。例えば、クレー射撃は一万八七枚（九七％）、ヨットは二五八一枚（九二％）、カヌーは四〇二八枚（九八％）、フェンシングは一万六五五八枚（九五％）、水球は二万一九六八枚（九二％）である。したがって、入場料収入一八億七一〇〇万円は、ほとんど限界値に近い収入だったと言えるだろう。

選手団負担金というのは選手村の滞在費にあたるもので、一人あたり六ドル、当時のレートで二一六〇円が徴収されていた。この年の大卒公務員の初任給が一万九一〇〇円だから、その九分の一。かなり高額であることが分かる。

テレビ放映権料は六億円だから、入場料収入の三分の一程度に過ぎない。東京大会は四五カ国に放送されたが、その方法は、史上初めての衛星中継と、毎日映像を空輸する方法が併用された。放映権料の交渉は組織委員会とNHKの間で行われ、海外での放送分も含めて、NHKが一括して組織委員会に支払っている。海外の放送局との交渉はNHKが行い、NHKが海外分の放映権料を集める形を取っていた。つまり、テレビ放映権料の交渉に、IOCは直接的にはかかわっていない。

六億円という放映権料は、東京大会の事業収入の一・六%程度に過ぎない。衛星放送が始まっていたにもかかわらず金額が低かった大きな理由は、海外での放送時間が非常に少なかったことだ。長時間放送された米国（NBC）、ヨーロッパ放送連盟（一八カ国）などでも、大会一五日間で総計二五時間だった。一日平均で一時間半程度に過ぎない。

こうした事業収入全体で三六億五六〇〇万円。これでは、東京大会の運営上の全支出、九一億九六〇〇万円にはまったく足りない。足りない分を、どのように調達したのか。

これはオリンピック招致が決まって組織委員会が設立された当初から、「国の税金」「東京都の税金」そして「民間からの寄付」という三つの方法で、均等に負担する方針だった。

結果的に、民間の寄付金が予想以上に集まったために、運営の収支は黒字になった。

東京大会運営のために投入された国の税金は一五億五一〇〇万円、東京都の税金も一五億五一〇〇万円。合計三一億二〇〇万円。これこそ、まさに「オリンピックのために投入された税金」だった。平均的なサラリーマンの年収が七〇万~八〇万円の時代に、この税金投入を過大と見るか適切と見るか。これも意見が分かれるところだろう。

興味深いのは、民間からの寄付金の総額である。これは財団法人東京オリンピック資金財団によって集められたもので、六〇億九五一〇万円にも達した。個人や企業からの通常の寄付金は合計六億六〇三〇万円で、あとはいわゆる「民間資金」だった。記念メダルの発売(一億四〇八〇万円)や、オリンピック協賛競馬の開催(五億四一三〇万円)といったものをはじめ、注目すべき資金調達方法もあった。まず、地方公共団体の宝くじに五輪マークの使用を許可して、その使用料として、発行額の二%(三億六二三〇万円)を東京オリンピック資金財団が受け取っている。また、寄付金付きのたばこ「オリンピアス」も製造され、ここからも三億二二六〇万円の寄付金を得ている。寄付金付き郵便切手も発行され、九億六三七〇万円が集まっている。この三つには五輪マークが使用されており、現在で言えばオリンピック関連商品ということになるが、いずれも政府が発売していたもので、民間企業の商品ではなかった。この意味で〝商業主義〟はまだ排除されていたことが分かる。

ほかにも、電電公社（現NTT）が電話番号帳に協賛広告（九億五九九〇万円）を、国鉄（現JR）が車内に協賛広告（八六六〇万円）を出すなど、国営事業が協力している。こうして、東京オリンピック資金財団が集めた民間資金は六〇億九五一〇万円にも達したわけだが、そのすべてが東京大会の運営に回されたわけではなかった。大会運営の収入に回されたのは二八億五五〇〇万円だけで、ほかには、選手強化の資金として日本体育協会に一一億四九一〇万円、日本武道館の建設費にも二億八〇〇〇万円が振り向けられるなど、東京大会に関連した分野に投じられている。

かりに、東京オリンピック資金財団が集めた六〇億九五一〇万円をすべて東京大会の運営に投入すれば、国の税金と東京都の税金（合計三一億二〇〇〇万円）がなくても運営できた計算になる。しかし現実には、収入と支出の計画を立て、寄付金など民間資金の調達を始めたのは大会の四年前だったから、その時点では、どこまで寄付金が集まるか正確なところは分からなかった。したがって、最初から税金の投入なしで予算を組むというのは、現実的にはできなかったということだ。

公式報告書には、東京オリンピック資金財団の活動について「発足当初は暗中模索の状態で大きい目標額の達成にあせったこともたびたびであった」とある。当時は、オリンピックに対する人々の注目度を、どうすれば収入に変えることができるのか、そのノウハウがなかった。例えば東京大会では、販売された各種のプログラムだけで五二万四四一三部もあったのだから、これに広告を掲載すれば、それだけでかなりの収入になったはずだ。

しかし、民間企業の広告塔となった選手のいるスポーツ、例えばスキーに関して「オリンピック競技から外すべきだ」と主張していたアベリー・ブランデージIOC会長（当時）の下では、公式プログラムに民間企業の広告を出して財源にするという考え方は問題外だった。結果として、オリンピックは開催国の国民、および開催都市の市民の税金を投入しなければ開催を保証できない大会になっていたと言える。

民間企業の寄付による「商業主義」の侵入

一方で、オリンピックは、民間企業の協力なしには運営できなくなっていたことも事実だった。東京大会では、企業が現物を提供する形で、財政的に大会を大きく助けている。例えば、聖火リレーに使った灯油は日本石油（現JX日鉱日石エネルギー）が寄付（八〇〇缶）したものだった。聖火ランナーは総勢八七〇人で、そのランニングシャツは東洋レーヨン（現東レ）、ランニングシューズは日本ゴム（現アサヒコーポレーション）が寄付している。大会期間中の聖火の燃料はプロパンガスだったが、これも日本石油、シェル石油（現昭和シェル石油）などが寄付。また代々木第一体育館の電光掲示板は日立製作所が寄付。選手村には電気洗濯機一四台、電気ストーブ七五台が三洋電機から寄付されている。これだけでも、購入すれば大変な金額になる。合計すると、東京大会には一一四もの企業から寄付があった。

当時の写真を見ると、代々木第一体育館の電光掲示板には、寄付した企業の名称である「ＨＩＴＡＣＨＩ」という文字が入っていた。現在なら、オリンピック公式スポンサーにならなければ、観客の目を引き、テレビ中継でたびたび映る場所に企業名を入れることはできないが、東京大会のときは、こういうことが放置されていたのである。ブランデージは、商業主義を排除する意思をたびたび表明していた一方で、会場での企業名表示を放置していたことは興味深い。こうした表示一つが、テレビの普及によってどれほど大きな商業的価値を持つことになるか、当時はまだ重要視されていなかったということだろう。

東京大会当時、公式スポンサーという考え方はなかったものの、のちにオリンピック公式スポンサーになるコカ・コーラが寄付した自社製品は六一万五七〇〇本に及び、選手村の食堂や各競技場の選手控室に提供された（ライバルのペプシコーラ製品はプレスセンターなどに提供されている）。商業主義を徹底的に排除するには、こうした、宣伝活動になり得る選手村食堂への独占的な寄付なども受け入れるべきではないはずだ。少なくとも、例えばコカ・コーラとペプシコーラを平等に置かなければ、一方の企業の宣伝活動に加担することになる。しかし東京大会において、ＩＯＣも組織委員会も、そういった配慮をした形跡はない。

寄付だけではなく、製品の無料貸し出しも、様々な企業から多数行われている。聖火リレー随伴用の自動車はトヨタ、日産などから、聖火を分火して搬送するヘリコプターは三菱重工業から、カヌー会場で使うモーターボートはヤマト発動機から、自転車の会場で使うオートバイはヤマハ発動機から、それぞれ貸し出されている。選手村やプレスセンターのテレビ合計三〇九台、冷蔵庫一二九台、掃除機六五台などは松下電器（現パナソニック）、日立製作所、三洋電機が貸与している。横浜文化体育館の電光掲示板、体操会場や選手村クラブで使用されたピアノなども、すべて企業から無料で借りたものだった。こういった貸与が有料だったら、オリンピックを開催するコストは、はるかに大きなものになっていたはずだ。

寄付した製品に入っている企業名が、結果的に企業PRになる。選手村への独占的な寄付が、世界中の選手に製品を印象づけることに役立つ——こういった、寄付という形での〝緩やかな商業主義の侵入〟は、東京大会にその萌芽があったと言っていい。

東京大会は、運営収支としては七億五〇〇〇万円の黒字を出し、これはスポーツ施設の建設資金に充てるべく、大会後、財団法人スポーツ振興資金財団に寄付された。しかしこの黒字も、企業からの製品の寄付や無料の貸与なしに計上されることはなかった。一九八四年ロサンゼルス大会で「オリンピック公式スポンサー」という考え方が導入される二〇年前から、オリンピックはすでに、企業の協力に依存したイベントになっていたのである。

アベベをめぐる、オニツカとプーマの戦い

オリンピックと企業の依存関係の始まりとは別に、東京大会は、スポーツ用品メーカーの、世界のトップ選手に対する水面下での現金供与が常態化した大会でもあった。陸上競技の男子二〇〇mで金メダルを獲得した米国のヘンリー・カーは、オリンピックのために東京に滞在している間、スポーツ用品メーカーの代理人から封筒に入った現金を受け取ったことを認めている。一回の受け渡しは六〇〇ドルから七〇〇ドル程度だったという。当時のレートで二一万六〇〇〇円から二五万二〇〇〇円だから、かなりの金額だ。受け渡しは人目につかない方法で行われたということも、カー自身が認めている。

一九六四年当時のIOC憲章では、アマチュア資格を失うのは「生計を保証する正業を持たない者」「スポーツに参加することで報酬を受け取ったことがある者」となっている。スポーツ用品メーカーから金銭を受け取れば、当然、アマチュア資格を失うことになって、オリンピックには参加できない。しかし、選手村の外や競技場の外で、選手がどこで誰と会っているかを監視することなど現実にはできないのだから、水面下の金銭授受を取り締まることは、実際にはほとんど不可能だった。

当時、世界のトップ選手をめぐるスポーツ用品メーカー同士の競争は激化していた。東京大会の頃には、日本のオニツカタイガー（現アシックス）も国際競争に加わっていた。オニツカタイガーは、鬼塚喜八郎が一九四九年に社員四人で始めた会社で、バスケットボールのシューズを皮切りに、マラソン用のシューズでも成功を収めていた。六〇年ローマ大会のマラソンでアベベ・ビキラが裸足《はだし》で走って優勝すると、その翌年に毎日マラソンで彼が来日した際、社長の鬼塚自ら、アベベの滞在していた大阪のホテルを訪ねて採寸を行い、そこから三日でシューズを作って渡している。アベベはそのシューズを履いて毎日マラソンで優勝した。このとき以降、鬼塚はシューズを提供し続け、アベベは裸足で走ることはなくなった。しかし、東京大会でアベベがオリンピック二連覇を達成したときに履いていたのは、オニツカタイガーではなく、プーマのシューズだった。市川崑《こん》監督の記録映画「東京オリンピック」にもアベベの足をスローモーションで捉えたショットがあり、プーマの当時のロゴが大々的に映し出されている。オニツカタイガーからプーマに変わった経緯は明らかではないが、両社の間に競争があったことは間違いない。

オリンピック選手との専属契約がルール上できなかったこの当時から、スポーツ用品メーカーの間では、トップ選手に製品を使ってもらうことの効用が明確に意識されていた。この点について、鬼塚は当時を振り返って次のように書いている。

各競技のトップというのは、競技人口の二〜三パーセントに過ぎない。しかし、その下にはイノベータークラスという層がある。（略）この層はトップのプレーヤーが使用するものはどんどん採り入れていく層である。これが全体の一七〜八パーセントいるといわれている。つまりトップ層を攻略することで、すでに市場シェアの二〇パーセント近くを占有したことになる。（『私心がないから皆が活きる』）

アベベを専属的な顧客とすることはできなかったが、オニツカタイガーは、日本人選手の金メダルラッシュとなった体操とレスリング、および銅メダルを獲得した男子バレーボールの選手たちにシューズを提供した。

トップレベルの選手をめぐる企業間の国際的な囲い込み合戦――企業と選手における商業主義の台頭という意味でも、東京オリンピックはエポックとなる大会だった。

高騰するテレビ放映権料

一九六八年メキシコシティー大会は、近代オリンピックの歴史上、収支の情報が最も少ない大会である。六四年東京大会はアジア初のオリンピックだったが、メキシコシティー大会は中南米初のオリンピックだった。既存の競技会場が最大限利用され、低予算の大会であったことは間違いない。また、東京大会で行われた柔道が、メキシコシティー大会では開催されなかった。東京大会では二〇競技が行われたが、メキシコシティー大会では一九競技だったのである。畳を敷いた屋内競技場を用意する必要はなかったわけで、ハード面でも、東京大会より低予算で開催可能な条件はあった。

公式報告書にもこの大会の収支決算表は載っていない。黒字だったのか赤字だったのかも分からない。

しかし、スポーツ用品メーカー間の競争が、この大会からより明確な形でオリンピックの舞台に持ち込まれ始めたのは事実だ。前出の鬼塚喜八郎の自伝によると、メキシコシティー大会で選手村の中に販売店を出そうとしたところ、選手村でのシューズの販売に関してアディダスがメキシコオリンピック委員会と独占的販売権の契約を交わしていたため、出店できなかった顚末《てんまつ》を書いている（最終的には、メキシコでオニツカタイガーの製品を扱っている小売店が選手村に出店したことで販売が可能になった）。

このように、スポーツ用品の販売競争は国境を越え、大陸を越えたものになってきていた。国際競争を促す背景は、いくつかあった。まず、さらなるテレビの普及で（メキシコシティー大会からカラー放送による衛星中継が始まった）選手たちの世界的知名度が向上した。メキシコシティー大会のテレビ放映権料は九八〇万ドル（三五億二八〇〇万円）で、これは東京大会の約六倍だった。六〇年ローマ大会から六四年東京大会にかけては約一・三倍の増加に過ぎなかったが、メキシコシティー大会で一気に相場が上がったわけだ。世界的な知名度が上がれば、企業にとっては選手に製品を使ってもらう価値も高まる。

競争が大陸を越えたもう一つの理由は、オリンピック自体が成熟して、様々な国の選手が活躍するようになってきたことだ。マラソンを例にとれば、ローマ大会でエチオピアのアベベ・ビキラが、アフリカ勢として初めて金メダルを獲得。東京大会ではアベベ、イギリスのベイジル・ヒートリー、日本の円谷《つぶらや》幸吉と、アフリカ、欧州、アジアの選手が金、銀、銅。メキシコシティー大会もエチオピアのマモ・ウォルデが金、日本の君原健二が銀、ニュージーランドのマイケル・ライアンが銅と、それぞれ違う大陸の選手が表彰台に上がった。マラソンのような注目される種目で世界のトップを争う選手が欧米中心でなくなった事実は、スポーツ用品の売れるマーケットも世界の五大陸に広がったことを意味していた。

選手への「ボーナス」が初めて表面化

陸上競技のトップ選手に対する水面下でのボーナス支給はすでに常態化していたが、メキシコシティー大会でついに表面化した。大会期間中、米国オリンピック委員会の会長が記者会見を行い、業者から金品を受け取った選手がいることを認め、調査を行っていると発表したのである。明るみに出たきっかけは、スポーツ用品メーカーが振り出した小切手を、選手村で現金化した選手がいたことだった。

しかし、それは競技生活を支えられるほどの長期的かつ高額なボーナスではなかった。実際、メキシコシティー大会の男子一〇〇mで金メダルを獲得した米国のジム・ハインズの例を見れば、それは理解できる。彼は記録の面でも、オリンピック前の全米陸上選手権で人類史上初めて一〇秒の壁を破る九秒九の世界新記録を出した、話題性では最大級の選手だったが、メキシコシティー大会で金メダルを取ったあとは、まだ二二歳だったにもかかわらず、陸上競技から引退している。彼はアメリカンフットボールのプロチームにドラフトされ、ほとんど経験のなかったこの球技に挑戦して、わずか二シーズンで解雇されている。この例は、「世界一速い男」の称号を得る一〇〇mの金メダリストでさえ、アメリカンフットボールに転向する以外、足の速さを生かせる道がなかったことをよく表している。

このように、選手個人に渡る金は、まだ競技の様相を変えてしまうほどではなかったが、スポーツ用品メーカーによる選手村での販売合戦やテレビ放映権料の高騰といった新しい商業主義の芽が、メキシコシティー大会から目に見える形を取り始めたと言える。

最初の「商業化オリンピック」はミュンヘン

一九七二年ミュンヘン大会は、第二次世界大戦前のベルリン大会以来、三六年ぶりにドイツで開催されるオリンピックだった。大戦中、ミュンヘンも連合国の空襲によって市街地の大半が廃墟《はいきょ》になった。そして一九四八年までは米国が占領していた。オリンピック開催をきっかけに交通インフラやスポーツ施設が大々的に整備されたという点で、ミュンヘンは東京とよく似ている。

そしてミュンヘン大会は、オリンピックの持つ商業的な価値を、資金集めに活用し始めた最初の大会だったと言える。「商業五輪」といえば、八四年ロサンゼルス大会から始まったとする認識が一般的だが、ロサンゼルス大会は史上初の「完全民営化五輪」ではあったものの、オリンピックの商業的価値を金に変えた最初の大会ではない。オリンピックの収入計画の中に、大会エンブレムの商業的活用や大会マスコットの販売といった、民間企業による「オリンピック関連商品」の収入が入ってきたのは、このミュンヘン大会からだ。

ミュンヘン大会は、東京大会より参加選手が約二〇〇〇人も増え、開催種目も一六三種目から一九五種目に増えていた。それだけ、開催に必要な経費も増大していた。公式報告書によると、競技施設の建設といった公共投資を含む、広い意味での大会の経費は一九億七二〇〇万マルク（一八八四億八三七六万円＝道路整備は除く）。このうちの約三五％、六億八六〇〇万マルク（六五五億六七八八万円）が国や州やミュンヘン市の税金だった。約三分の一を税金で賄ったわけだ。東京大会と比べると、税金の占める割合がずっと少ない。東京大会では、施設の建設費（一六五億八八〇〇万円）と大会の運営費（九九億四六〇〇万円）を合計した二六五億三四〇〇万円のうち、税金は七四・二％。四分の三を占めていた。

ミュンヘン大会では、税金で賄えない残りの一二億八六〇〇万マルク（一二一九億一五八八万円）を、オリンピック開催にまつわる収入で賄う必要があった。収入源としては、まず入場料、記念メダル、記念切手、宝くじ、寄付といった従来型のもの。そしてメキシコシティー大会から急増し始めたテレビ放映権料。さらには、大会エンブレムの商業的活用が、柱の一つとして加わった。

ミュンヘン大会のテレビ放映権料は一七八〇万ドル（五四億八二四〇万円）。このうち約四割にあたる七五〇万ドル（二三億一〇〇〇万円）が米国ＡＢＣの放映権料だった。一七八〇万ドルはメキシコシティー大会の約一・八倍で、大会の中心的な収入とまでは言えないが、オリンピックの収入源として重要度を増していた。

そして新たな収入源である大会エンブレムの商業的活用に関しては、最低でも五〇〇万マルク（四億七七九〇万円）の収入が計画された。大会エンブレムとは、現在では一般的に「ロゴ」と呼ばれるシンボルマークのこと。これにオリンピックの五輪マークも併用して、腕時計やコーヒーカップなど大会関連商品が製作され、販売された。東京大会でも五輪マークの入ったたばこ「オリンピアス」が作られたが、これは専売公社（現ＪＴ）という国営企業の商品で、民間企業によるオリンピック関連商品はミュンヘン大会が最初だった。

興味深いのは、組織委員会が、こうした大会エンブレムの国際的、国内的な権利保護をマックス・プランク研究所に委託したことだ。「量子論の父」と呼ばれる物理学者、マックス・プランクの名前を冠したこの研究所は、国と州の税金で運営されているドイツの公的機関だが、研究対象は自然科学だけでなく社会科学も含まれており、ミュンヘンには「マックス・プランク知的財産法・競争法・租税法研究所」がある。現在では、オリンピック関連商品の権利保護を公的機関が行うことなど考えられないが、当時はまだ、スポーツ関連の世界的なビジネスを扱って、そこで生じる権利保護に関する法律上の問題を処理できる専門家がいなかったということだろう。

ミュンヘン大会では、大会エンブレムの商業的活用だけでなく、「大会マスコット」が初めて製作された。ドイツ原産の犬、ダックスフントをキャラクター化したマスコット「バルディー」がデザインされ、世界各国でライセンス契約のもと、製造・販売された。ライセンス料は最低二四万五〇〇〇マルク（一三四二万円）で、五〇件の契約があり、世界二〇カ国で販売された。五〇件すべてが最低額のライセンス料だったとしても、合計で一二二五万マルク（一一億七〇八六万円）になる。

このように、大会エンブレムを使った関連商品の販売、大会マスコットのライセンス契約販売と、オリンピックの商業化にまつわる大きな変化が、このミュンヘン大会から始まっている。巨大化するオリンピックの経費を賄うには、開催国の税金をこれまで以上に注ぎ込むか、オリンピックの商業的価値を金に変える「商業化」以外に道はなかった。税金の投入には議会の承認が必要だが、商業化は、ＩＯＣの決断だけで可能になる。

ＩＯＣの金庫が放映権料で潤う

ミュンヘン大会まで、ＩＯＣの会長は〝ミスター・アマチュアリズム〟アベリー・ブランデージだった。ブランデージは、イリノイ大学で土木工学を学び、一九一五年に二八歳で建設会社を設立して、一代で財をなした資産家だった。スポーツ選手としては、二四歳のとき、ストックホルム大会に陸上競技の五種競技と十種競技で出場している。選手時代には自らアマチュアリズムを実践し、五二年にIOC会長になってからも「（会長職のために）年間七万五〇〇〇ドルを自分で負担している」と公言していたという。

もともとIOCは、各委員の自己負担によって成り立っている組織だった。創設者のクーベルタン自身がフランスの貴族の出身で（祖父はルイ一八世の高級将校だった）、IOC会長に在任中の一九〇五年に五〇万金フランという巨額の遺産を相続している。これはフランス統計経済研究所の換算によると約一七〇万ユーロ、一ユーロ一〇〇円なら一億七〇〇〇万円に相当するという。しかしクーベルタンは、IOC事務局の経費やIOC総会の祝典費用などを個人で負担していたため、一九一九年には、事実上破産していたという。

彼が会長を退任したあと、IOCは世界各国のオリンピック委員会などに寄付を呼びかけ、三六年に五万二九八スイス・フラン、現在の価値に換算して約六〇〇〇万円の寄付を受けている。

ブランデージについて書かれた文献を読むと、彼は幼少時に両親が離婚し、親戚の家に引き取られ、刻苦勉励で大学生活とスポーツを両立させ、卒業後は職業生活とスポーツも両立させていたことが分かる。そういった自身の生き方に強烈な自負を抱《いだ》いていたブランデージは、プロスポーツというものを嫌悪していた。彼が育ったシカゴの大リーグ球団ホワイトソックスが、レッズと対戦した一九一九年のワールドシリーズで起こした八百長事件、いわゆる「ブラックソックス事件」も、プロスポーツに対する彼の嫌悪をいっそう募らせることになった。彼は著書『近代オリンピックの遺産』の中で、次のように書いている。

「オリンピック大会の目的は、世界一速い人間を決めることではなく、オリンピック・ルールに従った世界一速い人間を決めることである」

ブランデージは、オリンピックの巨大化、開催経費の増大への対処についても、彼らしい原理主義的な考えを持っていた。娯楽産業の一部となったスポーツや、選手がほかの正業を持たず一年中競技ばかりやっているスポーツは、オリンピックから除外する。そうすれば、結果的に「今やほとんど制御できなくなるまでふくらんだ大会開催の経費やその規模も、かなり縮小できるであろう」と述べている。そして、テニスは二八年アムステルダム大会から外され（八八年ソウル大会から復帰）、サッカーも三二年ロサンゼルス大会では行われなかった歴史を指摘している。

だが、そのブランデージでさえ、IOC会長として迎えた最後のミュンヘン大会で、オリンピックを運営するために、大会エンブレムや大会マスコットの販売という商業化を認可している。ここにも、IOCの自己矛盾があった。何が何でも商業化を拒否するのであれば、開催する競技数や参加人数を減らして、経費を抑えることはできたはずだ。IOC委員が一致団結していれば、オリンピックに関してできないことなど何もないのである。

しかし、ミュンヘン大会当時、ブランデージのようなアマチュアリズムは、IOCの内部でもすでに少数派だった。大会の運営費を捻出するために、オリンピックの生み出す商業的価値を金に変えることとは、この大会で明確にIOCから承認されたのである。一方で、IOCが参加選手にアマチュアリズムを要求するというのは、やはり自己矛盾だった。

ミュンヘン大会終了後、ブランデージは八四歳でようやく退任した。代わって会長に就任したのは、アイルランド人のロード・キラニンだった。キラニンは、伯父から爵位を受け継いだ貴族の出身で、第二次世界大戦前は「デイリー・メール」紙の記者を務めていたが、大戦に従軍したあと、戦後はジャーナリストを辞め、会社の重役を務めながらアイルランドオリンピック協会の会長に就任した。そこからＩＯＣ委員になり、ミュンヘン大会後、五八歳でＩＯＣ会長に選出された。四年前の会長選でも、ほかのＩＯＣ委員からブランデージの対抗馬として立候補を要請されていたが、キラニンは「ブランデージのように、会長の任務に必要な経費をすべて自己負担することなどできない」と要請を断っている。

ブランデージが会長職のために自腹を切っていた年間七万五〇〇〇ドルというのは、当時のレートで二七〇〇万円にあたる。これが会長職の遂行に必要不可欠な金額だったかどうかは分からないが、会合のために世界各地を訪問し、滞在するだけでも、相当な経費が必要だったことは確かだろう。

キラニンが会長を引き受けた背景には、ミュンヘン大会でテレビ放映権料が巨額になったことに加え、ＩＯＣに分配される金額も増えたため、会長の経費をＩＯＣの金庫から出すことも可能になったことがあった。

ミュンヘン大会におけるテレビ放映権料の分配は、興味深い方法で行われている。それまで、放映権料は大会の組織委員会がテレビ局と交渉して金額を決め、その大半を受け取って大会の運営経費に充てていた。交渉も分配も組織委員会が主導権を握っていたのである。キラニンの著書『オリンピック激動の歳月』によると、六八年メキシコシティー大会のときは、米国ＡＢＣとの契約四〇〇万ドル（一四億四〇〇〇万円）のうち、ＩＯＣに分配されたのは一五万ドル（五四〇〇万円）に過ぎなかったという。

しかしミュンヘン大会では、ＩＯＣの取り分が大幅に増えた。

放映権料は一度に全額が入ってくるわけではなく、一定の期間をかけて、各放送局から順次支払われていく。そこで考案されたのが、次のような分配方法だった。まず、最初の一〇〇万ドルは全額ＩＯＣが受け取る。次の一〇〇万ドルはＩＯＣが三分の二で、組織委員会が三分の一。そして、その次の一〇〇万ドル以降は、すべてＩＯＣが三分の一で、組織委員会が三分の二を受け取る。つまり、最初の二〇〇万ドルまではＩＯＣ有利に分配され、三〇〇万ドルを超えた場合、高くなればなるほど組織委員会の取り分が増えるという仕組みだ。実際のところ、放映権料は一七八〇万ドルだったから、ＩＯＣには六九三万三〇〇〇ドル（二四億九六〇〇万円）が分配され、組織委員会には一〇八六万七〇〇〇ドル（三九億一二〇〇万円）が分配された。こうしてＩＯＣの財政は大きく改善されたのである。

ミュンヘン大会の収支が、最終的に黒字になったか赤字になったかは、公式報告書には書かれていない。確かなことは、この大会から、大会エンブレムの使用権、大会マスコットのライセンスというオリンピックの「商業化」が始まったということだ。

開催返上事件と、アマチュア定義の廃止

ミュンヘン大会が終了した二カ月後、一九七二年一一月八日。IOCは、その歴史上で、かつてなかった決定を聞かされることになった。七六年二月に開催される予定だった米国コロラド州デンバーでの冬季オリンピックに対し、コロラド州民が、住民投票で「NO」を突き付けたのである。

デンバーが開催地に選ばれたのは七〇年のことだったが、招致決定のあと、環境保護を訴え、オリンピックに州の税金を投入することに反対する人々が「コロラドの将来のための市民連合」を結成して、住民投票実施に必要な七万七三九二人の署名を集め、投票に持ち込んだ。具体的には「オリンピックのためにコロラド州とデンバー市の税金を使うことを禁じる法改正に、賛成か反対か」という住民投票だった。

結果は、約六〇％の州民が賛成票を投じた。デンバー大会の組織委員会は、州と市の税金投入なしに開催は不可能と判断し、ＩＯＣに対して開催を返上したのである。これは、戦時を除けば史上初めてのオリンピック開催返上だった。

結局、六四年に冬季大会を開催したオーストリアのインスブルックでもう一度開催することで決着したものの、コロラド州民の判断は、オリンピックが国ではなく都市に与えられるものである以上、今後、地元市民の明確な支持なしには開催できない――換言すれば、オリンピックの開催は、必ずしもＩＯＣの売り手市場ではないことが露呈したのである。

これはオリンピックの存続を考える上で、根源を揺るがす事態だった（デンバーの返上以降、ＩＯＣは法的な無契約状態で開催地を決めることはなくなった）。これもまた、八四年ロサンゼルス大会の「完全民営化五輪」へとつながっていく一つの背景となった。

もう一つ、ミュンヘン大会の二年後にエポックメイキングな変化があった。ＩＯＣ憲章の中で「アマチュア」という文字が使われなくなったのである。

すでに六七年のＩＯＣ総会で、ＩＯＣ憲章の中の「アマチュア定義」は廃止され、「参加資格規定」に置き換わっていた。「参加資格規定」は、スポーツごとに、国際競技連盟がそれぞれの現実に合ったアマチュア定義を行い、それに従ってオリンピックへの参加資格を決めることになった。つまり、ＩＯＣはアマチュアの定義を自ら決めるのではなく、各スポーツの国際競技連盟に任せたのである。

それでも、ブランデージがＩＯＣ会長を務めていた七二年までは、ＩＯＣが各競技連盟にアマチュア定義を要求し、それに沿った選手をオリンピックに出場させるという原則だったが、ブランデージが退任してキラニンが会長になると、七四年版のＩＯＣ憲章には「参加資格規定」があるだけで、「アマチュア」という表現は使われなくなったのである。原則として、国際競技連盟が認可すれば、スポーツをやることで報酬を受け取っている選手でもオリンピックに参加することが可能になったのだ。

これもまた、オリンピックに対する企業の影響力が高まっていく大きなステップだった。

モントリオール――五輪史における「リーマン・ショック」

オリンピックと商業主義という観点から見れば、一九七六年モントリオール大会は、近代オリンピックの歴史上、八四年ロサンゼルスと並ぶ重要な大会である。この大会と、史上初の「完全民営化五輪」となったロサンゼルス大会は表裏一体の関係にある。

一般的にモントリオール大会は、女子体操のナディア・コマネチが一〇点満点を連発して世界を驚かせた大会として知られている。

だが、モントリオール大会において、近代オリンピックは、ある意味で財政破綻《はたん》に陥った。オリンピックが、やり方次第でどれくらい巨額のイベントになり得るか、そして、地元市民にどれくらい大きな負担になり得るか、ということが明らかになったのである。

経済の歴史になぞらえるならば、モントリオール大会は、オリンピックの歴史におけるリーマン・ショックに相当するものだった。

モントリオール大会は、公式報告書に示された概算によれば、九億九〇〇〇万ドルの赤字だった。これは七六年の平均的なレート、一ドル二九三円で換算すると、約二九〇〇億円にあたる。カナダの消費者物価指数を見ると、七六年から二〇一一年の間に貨幣価値は約三・七倍になっているから、当時の二九〇〇億円は、二〇一一年なら一兆七三〇〇億円に相当することになる。

この赤字のうち、二億ドル（五八六億円）はモントリオール市の負担になり、同市は不動産税の増税でこれを賄った。残り七億九〇〇〇万ドル（二三二四億円）は、連邦政府による宝くじと、モントリオール市のあるケベック州のたばこ税増税によって賄われた。特にケベック州の増税は三〇年にわたって続き、赤字を完済したのは二〇〇六年一一月のことだった。禁煙文化の広がりでたばこの売り上げが落ちたため、返済が予定より長期にわたったのだという。

なぜ、このような巨額の赤字が生まれたのか。オリンピックの歴史を変えた、その財政赤字の内幕を見てみたい。

膨れ上がる施設建設費

赤字が出る理由は、単純化すれば二つしかない。支出が多過ぎたか、収入が少な過ぎたか、どちらかだ。モントリオール大会は、明らかに前者だった。支出が多過ぎたのである。

そして重要な点は、当初は税金を投入せず、オリンピック開催による収入だけですべてを賄う方針だったことだ。つまり八四年ロサンゼルス大会で実現する形を、モントリオール大会でも、招致の段階では打ち出していたのである。逆にいえば、東京大会のように、主要競技場を国や自治体の税金で建てる計画であれば、赤字はそれほど巨額にはならなかった。もっとも、敗戦後の再建過程にあった東京はそれでよかったが、一九七〇年代のモントリオールでそのような計画を立てても、市民には支持されなかっただろう。

モントリオール大会の収入は、決して少なくなかった。最大の収入源は「オリンピック宝くじ」で、二億三五〇〇万ドル（六八八億五五〇〇万円）。二番目はオリンピック記念硬貨と記念切手の収入で、一億一五〇〇万ドル（三三六億九五〇〇万円）。テレビ放映権料は三番目の収入で、公式報告書では三二〇〇万ドル（九三億七六〇〇万円。なお、IOCが公式HPで公表している数字では三四九〇万ドル）となっている。これは前回ミュンヘン大会の約一・八倍だ。入場料収入も二七〇〇万ドル（七九億一一〇〇万円）と、高騰しているテレビ放映権料に肩を並べるほどの額になっている。

これらオリンピック開催によって生まれた収入は、四億三〇〇〇万ドル（一二五九億九〇〇〇万円）。前回のミュンヘン大会であれば、通常の税金投入を含めると十分に採算の取れる収入だった。

しかし、モントリオール大会の会場建設費と運営費は、合計で一四億二〇〇〇万ドル

（四一六〇億六〇〇〇万円）。会場建設費の膨張ぶりは、文字通りケタが違った。

象徴的だったのは、メーンスタジアムと屋内競技場を含むオリンピック・パーク、および選手村の建設だった。オリンピック・パークの建設だけで九億八七〇〇万ドル（二八九一億九一〇〇万円）もかかっている。これは、東京大会で施設建設費として投入された総額の一七倍にあたる金額だ。

なぜ、これほど金がかかったのか。理由はいろいろあったが、根本的には、大会招致の主役だったモントリオール市長、ジャン・ドラポーの姿勢にあったと言える。ドラポー市長は、招致運動の段階では「モントリオールは質素なオリンピックを目指す」と語っていた。「税金を投入しなくても、大会開催による収入で資金は調達できる」とも語っていた。

そのようなプレゼンテーションを行って開催地に選ばれたにもかかわらず、その後、実際に市長がやったことは、プレゼンテーションとは似ても似つかないことだった。メーンスタジアムは、誰も見たことがないほど豪華な巨大建造物になっていった。市長の取り組みには、どう見てもコスト意識というものが欠けていた。

オリンピック終了後に、ケベック州政府は、モントリオール大会の財政について委員会を設けて調査を行っている。その結果、ドラポー市長からメーンスタジアムの設計を依頼されたフランス人の建築家は、建設予算についてまったく制限を受けていなかったことが分かった。設計されたのは開閉式の屋根を持つ野外スタジアムだった。野球場ではなく、陸上競技場に屋根を付けようというわけだから、いわゆるドーム球場よりもずっと大きな屋根が必要になる。

しかし結局、この開閉式の屋根は完成しなかった。工事が遅れて、大会に間に合わなかったのである。

工事の遅れは、コストを引き上げる二つ目の理由となった。遅れた原因は、労働者のストライキとモントリオールの寒さだった。遅れを取り戻すため、本来なら一台のクレーンを少しずつ移動させて順次行っていく作業に多数のクレーンを投入せざるを得なくなり、作業自体が高コストの体制になっていった。また、現場労働者の報酬もかなり高かった。当時、ケベック州政府のオリンピック・パーク建設責任者が語っているところによると、平均の週給で約五〇〇ドル。月収に換算すると約二一四三ドルだから、当時のレートでは約六三万円になる。

選手村は、ドラポー市長が南フランスで見てきたという、ピラミッドのような形の建物をモデルにして設計された。全部で四棟あって、ピラミッドの頂点の部分は地上二一階だった。その設計は、大勢のアスリートを効率よく収容するのに向いているようには見えなかったが、合計で八五〇〇万ドル（二四九億円）もかかった。選手村に関する当初の予算は九〇〇万ドル（二六億四〇〇〇万円）だったから、約九倍に膨れ上がったことになる。

自治体首長の暴走が大赤字を生んだ

モントリオール大会の経費の膨張に、同情できる点がないわけではなかった。大会の招致が決まってから三年後、一九七三年にオイル・ショックの影響で世界的なインフレが起こったことだ。カナダにおいても物価の高騰が起こり、消費者物価指数でみると、七六年の消費者物価は、招致が決まった七〇年の一・五三倍になっている。

また、前回のミュンヘン大会でパレスチナゲリラによるテロ事件が起こり、イスラエルの選手と役員、合計一一人が犠牲になるという惨劇があった。この事件を受けて、モントリオール大会では選手村の警備を格段に厳重化せざるを得なくなった。入口には危険物探知機、宿舎の各所には警備用カメラの設置といった、過去の大会にはなかったコストが必要になった。

それでも、この大会の運営が、過去と比較して高コスト体質だったことは間違いない。そもそもドラポー市長が、大会の組織委員長にカナダ外務省出身のロジェ・ルッソーを就任させた時点で、大会が効率的に準備される可能性はなかったとも言える。ルッソー委員長の仕事ぶりは文字通り官僚的なもので、IOCのキラニン会長から重要な連絡があるときに休暇を取って釣りに行ってしまったり、重要な会合よりパーティーへの参加を優先したりして、たびたびキラニン会長を苛立《いらだ》たせた。

なぜ、招致活動の段階では質素な大会にすると言っていたのが、実際には、コスト意識に欠けた大規模建造物の大会になってしまったのか。それは結局のところ「ドラポー市長が、自分の任期中に歴史的な建造物を残したいと望んだ」という以外に説明のつく理由は見当たらない。ドラポー市長は五四年に三八歳の若さで市長に当選、六七年には万国博覧会を招致するなど、ビッグイベントの招致に熱心な政治家であったことは間違いない。七四年に五期目の当選を果たし、二〇年以上にわたってモントリオールの首長の座にあった。

彼は、万国博覧会は成功させたかもしれない。しかし、巨大化しつつあったオリンピックは、まったく違う種類のイベントだった。

ケベック州政府によるモントリオール大会の財政調査委員会は、報告書の中で次のように述べている。

「彼（ドラポー市長）は自分の果たすべき役割に必要な才能、知識にまったく欠けていた」

つまり、モントリオール大会の赤字は、避けられないものではなかったのである。

商業化ノウハウの完成

商業化という面に目を向けると、モントリオール大会では、オリンピックが生み出す商業的な価値をより積極的に収入へ変える方法が取られた。ミュンヘン大会よりも方法は多様になり、現在のオリンピックで採用されている手法が、基本的には、この大会で確立されたと言ってよかった。

• 公式サプライヤー。公認された企業が大会に自社製品を提供する。飲料水、食品、シユーズ、ユニホーム、計測機器、フォークリフト、自動車など一二四の契約が結ばれ、一二九〇万ドル（三七億八〇〇〇万円）相当の製品提供と、二六〇万ドル（七億六二〇〇万円）の現金提供があった。

・公式スポンサー。スポンサー料を払った企業が「公式スポンサー」を名乗る権利を得るもの。組織委員会は六二八の企業と契約。総額で四一八万ドル（一二億二四七四万円）の収入になった。

・公式ライセンシー。五輪マークを使ったオリンピック関連商品の販売許可によって、ロイヤリティーを得る。二〇〇種類の関連商品が製作され、二八〇万ドル（八億二〇〇〇万円）以上の収入となった。

これら商業化による収入だけで二二〇〇万ドル（六四億四六〇〇万円）を超えている。ここにテレビ放映権料の三二〇〇万ドルを加えると五四〇〇万ドル（一五八億二二〇〇万円）という金額になる。巨額ではあるが、モントリオール大会の最大の収入源は「オリンピック宝くじ」の二億三五〇〇万ドル（六八八億五五〇〇万円）だったから、いわゆる「企業マネー」の存在感は、まだ、大会の運営を左右するほどではなかった。

しかし、公式サプライヤー、公式スポンサー、公式ライセンシーという、オリンピックの商業的価値を金に変える方法は、この大会で基本的な形が出来上がっていたのである。

社会主義国で行われた資本主義的五輪

一九八〇年モスクワ大会は、史上初めて社会主義の国で開催されたオリンピックだった。そして、ソ連のアフガニスタン侵攻に対する米国のボイコットに端を発した西側諸国の不参加によって、参加は八〇カ国にとどまった。社会主義の国でやるのだから、資金面でも国家丸抱えの大会だったかというとそうではなく、意外にも、モントリオール大会とよく似た資本主義的な方法で資金を集めている。

公式サプライヤー、公式スポンサー、公式ライセンシーはこの大会でも採用されている。公式スポンサーには一一カ国、一九社が参加しており、日本企業ではビクターがスポンサーになっている。公式サプライヤーとしては、日本からミズノが聖火リレーのユニホーム、明星ゴム工業（現ミカサ）がバレーボールと水球のボール、アシックスがバレーボールのネットを提供している。

公式報告書に出ている限りでは、ごく一部を除いて、支出の中に連邦政府の税金は計上されていない。モスクワ大会の資金は、スポーツ施設の建設費用も含め、基本的にオリンピックにまつわる収入で賄っている。会場は、新設に二億六一四〇万ルーブル（八〇八億円）、既存施設の改修に一億一〇六〇万ルーブル（三四三億円）と、モントリオール大会に比べるとはるかに少ない（当時は一ルーブルが約一・五二ドル。一ドルの平均的レートが二〇四円だったので一ルーブル＝三一〇円で換算）。大会の運営経費を含めたモスクワ大会の全支出は八億六二七〇万ルーブル（二六七五億円）。この中で連邦政府は、テレビ、ラジオの放送施設を建設するために一億一七九〇万ルーブル（三六五億六〇〇〇万円）を支出しただけになっている。

収入の方は、最大の収入源が、モントリオール大会と同様にオリンピック宝くじで三億六八〇〇万ルーブル（一一四一億円）。二番目は公式ライセンシーで、時計、コーヒーカップ、化粧品など様々なオリンピック関連商品が製作され、そこから一億九九三〇万ルーブル（六一八億円）の収入があった。三番目が記念コインで六五五〇万ルーブル（二〇三億一〇〇〇万円）。四番目がテレビ放映権料で六一一〇万ルーブル（一八九億四六〇〇万円）。その次が入場料収入で二〇二〇万ルーブル（六二億六〇〇〇万円）。テレビ放映権料は、西側諸国の大半がボイコットした大会であったにもかかわらず、ミュンヘン大会の一倍を超えている。

モスクワ大会の収入は合計七億四四八〇万ルーブル（二三〇九億五〇〇〇万円）。収支は一億一七九〇万ルーブル（三六五億六〇〇〇万円）の赤字ということになる。だが、これは施設の建設費用まで支出に含めた数字だから、ほかの大会と比べて、特に大きな赤字とは言えない。六四年東京大会も、施設建設費を支出に含めるなら大幅な赤字になる。施設建設費をほとんど国と東京都の税金で賄ったため、赤字として計上されないだけだ。

初めて社会主義の国で開催され、西側諸国の多くが参加しなかったにもかかわらず、モスクワ大会の公式スポンサーや公式サプライヤーには、多くの西側の企業が契約しており、テレビ放映権料も、大半が西側のテレビ局との契約だった。米国のジミー・カーター大統領が西側諸国にボイコットを呼びかけたのは大会六カ月前のことだったから、契約の完了していた西側企業の金品が、ソ連オリンピック委員会やモスクワ大会の組織委員会に流れていくのを止めることはできなかったのである。

米国へのテレビ中継はＮＢＣが行い、公式サプライヤーとしてコカ・コーラから清涼飲料水、Ｗｍリグレー Jr.からチューインガムなどが提供され、ペプシコーラのペプシコは寄付を行っている。また、大会の重要な収入源となった記念コインや記念切手の売り上げにおいても、米国、西ドイツ、日本と、大会をボイコットした西側諸国が大きく貢献している。米国から約六三万五〇〇〇ドル（一億二九五四万円）、西ドイツから約二二五万四〇〇〇ドル（四億六〇〇〇万円）、日本から約三三万五六〇〇ドル（六八五〇万円）が、ロイヤリティーとしてソ連オリンピック委員会に支払われている。

モスクワ大会は、期せずして、政治的には対立していても経済的には融合せざるを得ない、オリンピックの実情を示したと言える。

オリンピックの商業化という観点から見れば、公式サプライヤー、公式スポンサー、公式ライセンシーとテレビ放映権料が入場料収入よりも重要になった大会が、モスクワだった。こう見てくると、八四年ロサンゼルス大会での「完全民営化」に向けた基本的な構造は、すでに出来上がっていたと言っていいだろう。

財政不安で「五輪開催地不在」の危機

一九八四年ロサンゼルス大会が史上初の「完全民営化五輪」となるまでの経緯をよりよく理解するには、次の二つの出来事を振り返っておく必要がある。

一つは、七二年一一月の米国コロラド州住民投票による、デンバー冬季大会の返上。もう一つは、七六年モントリオール大会の財政赤字だ。

デンバー冬季大会の返上は、地元住民の支持がなければオリンピックは開催できない、少なくとも地元自治体の税金は使えないということを証明した。そしてモントリオール大会では、大会期間中から、赤字を穴埋めするために地元住民に強いられる税負担が大々的に報道されていた。地元住民の支持と、赤字を出さない大会運営。今後のオリンピック開催には、この二つの要求を満足させる必要があった。

結果として、八四年のオリンピック開催地を決めるIOC総会（七八年）で、積極的に招致に立候補したのはロサンゼルスだけだった。イランのテヘランも立候補したが結局は取り下げてしまい、IOC委員による投票は行われなかった。つまり、IOCには選択の余地がなかったのである。

それでも、ロサンゼルスでの開催が承認されるまでには、紆余曲折《うよきょくせつ》があった。

ロサンゼルスの招致委員会は、最初から民間資金による大会を提案していたが、問題は、想定外の事情で赤字が出た場合に誰がそれを保証するのかということだった。オリンピック憲章によれば、ＩＯＣは開催都市の自治体と契約を交わすことになっていて、オリンピック開催にまつわる最終的な責任は開催都市が持つことになっていた。赤字が出れば、その補塡も開催都市の責任になる。

しかし、ロサンゼルスの招致委員会は、赤字補塡に市の税金が投入される可能性があれば、市民の支持——具体的には市議会の支持が得られないことが分かっていたので、「ＩＯＣはロサンゼルス市ではなく、ロサンゼルス大会の組織委員会と契約する」ことを求めた。これはオリンピック憲章に合致しない方法だったため、交渉を重ねた結果、ＩＯＣとロサンゼルス大会組織委員会（市の責任を代行する）が契約を結んだ上に、赤字が出た場合の補償団体として、ＩＯＣと米国オリンピック委員会（ＵＳＯＣ）も契約を交わすことで決着した。

ＩＯＣがあくまで市の財政保証を要求すれば、デンバーと同じようにロサンゼルスでも住民投票が提起され、市の税金が投入できない法律が制定されるかもしれない。そうかと言って、ロサンゼルスの開催権を剝奪《はくだつ》すれば、また一から開催地を募集しなければならない。七二年にテロ事件のあったミュンヘン市の関係者が代替開催に意欲的な発言をしていたものの、準備期間は短くなる。確実にオリンピックを開催したいなら、ＩＯＣとしては、ロサンゼルス市の財政保証を諦《あきら》める以外なかった（市は名目上の開催者となることで、オリンピック憲章との整合性を保った）。言い換えれば、民間資金による「完全民営化五輪」を受け入れるか、八四年大会の開催を危機にさらすか、二つに一つだったわけだ。

八四年ロサンゼルス――空前の黒字

こうして、一九七八年一〇月、八四年のオリンピック開催地はロサンゼルスに決定した。するとその翌月、オリンピック開催に対してクギを刺す、ロサンゼルス市民の明確な意思表示が行われた。住民投票が行われ、「赤字が出た場合だけでなく、大会の運営資金としても市の税金投入を禁じる」というロサンゼルス市の憲章修正条項が可決されたのである。

これによって組織委員会は、大会の運営においても、市の税金を当てにすることはできなくなった。

史上初の完全民営化五輪。誰もやったことのないこの大事業には、何よりまず、それに相応しいトップを据えることが重要だった。

オリンピック招致の中心的な組織だった南カリフォルニア・オリンピック委員会は、ロサンゼルス大会組織委員会の委員長として、南カリフォルニアに在住、年齢は四〇歳から五五歳、スポーツが好き、事業を起こして経営する手腕がある、国際情勢に通じている――という五つの条件から人選していった。二〇〇人以上の候補者の中から選ばれたのが、北米第二位の旅行代理店「ファースト・トラベル」の創業者、ピーター・ユベロスだった。二〇代で会社を起こして成功を収め、当時まだ四二歳だったユベロスは、すでに億万長者だった。大学時代に水球をやっていて、米国代表にこそなれなかったものの、五六年メルボルン大会の米国代表選考会に参加したことがあった。

ユベロスが大会終了後に出版した著書『ユベロス』（原題『made in America』）を読むと、オリンピックが巨大化とともに赤字体質になっていった理由の一端を知ることができる。

例えば、彼は委員長就任後、七九年の夏に、スイスのＩＯＣ本部と、モスクワ大会の準備を視察するためソ連を訪問している。このとき、旅費を負担するというソ連側の申し出を断って自費で訪れた。自費で行くことにした理由について、彼は次のように書いている。

「オリンピック・ファミリーは普通、さまざまな役得やぜいたくな恩恵が与えられる。しかし私は旅行費用を自分で負担することにより、ＬＡＯＯＣ（ロサンゼルス大会組織委員会＝筆者注）はこうしたものに何百万ドルもの金を浪費するつもりはないことを、ソ連の人々とＩＯＣに示そうと思った」

また、モスクワ大会の視察を通して、オリンピックの経費が増大する理由の一つについて、次のように書いている。

「モスクワ大会の組織者たちが国際スポーツ連盟（各スポーツの国際競技連盟＝筆者注）からさまざまな要求をつきつけられているのを見て、私は心配になった。連盟は、競技役員の数と入場券の割り当てを増やすこと、よりぜいたくな宿泊施設を用意すること（略）などを要求しているという。しかもそれを全部大会運営費でまかなえというのだ。ソ連側がそれらにすべて応じていると聞いて、私はますます心配になった。（略）連盟役員のけちな要求のために足を引っぱられるようなことは許さない、と私はそのとき決めた」
すでによく知られているように、ロサンゼルス大会は、テレビ放映権料と、スポンサー企業からの協賛金が巨額になった。テレビ放映権料は、モスクワ大会の三倍を超える二億八六七六万四〇〇〇ドル（七二二億六〇〇〇万円）。スポンサーからの協賛金は、一億二三一九万一〇〇〇ドル（三一〇億四四〇〇万円）。また、入場料収入も史上最高の一億三九八三万四〇〇〇ドル（三五二億四〇〇〇万円）を記録した。政府が発行した記念コインも主な収入の一つで、二九七〇万七〇〇〇ドル（七四億八六〇〇万円）。その結果、ロサンゼルス大会の収支は次のようになった。

収入＝七億四六五五万九〇〇〇ドル（一八八一億三二八六万円）
支出＝五億三一五五万四〇〇〇ドル（一三三九億五一六〇万円）

収支は、二億一五〇〇万五〇〇〇ドルの黒字。近代オリンピック史上、空前の黒字額だった。黒字の六〇％が米国オリンピック委員会に分配され、あとの四〇％で、少年少女のスポーツ振興を図る「ロサンゼルス・アマチュア・アスレチックス財団」が設立された。

黒字の理由は「支出を抑えた」から

テレビ放映権料の記録的な高騰、高額なスポンサー協賛金。これらが、いずれも組織委員会委員長だったユベロスの、斬新《ざんしん》で抜け目のない手腕の成果として報道された。ユベロスが手腕を発揮したことは事実だったが、しかし、ロサンゼルス大会の黒字を「徹底した商業化の成果」と考えると、実態を見失うことになる。空前の黒字を計上できた最大の理由は、収入が多かったからではなく、むしろ、支出が少なかったからなのである。

ロサンゼルス大会の収入七億四六五五万九〇〇〇ドルは、前回モスクワ大会の七億四四八〇万ルーブル（一一億三二一〇万ドル）よりずっと少ない。巨額のテレビ放映権料やスポンサー協賛金があったにもかかわらず、モスクワ大会より収入が少なかった最大の理由は、オリンピック記念の宝くじが販売されていないことだった。宝くじはモントリオール大会でも東京大会でも販売され、大きな収入源になっている。ロサンゼルス大会でこれが収入源にならなかったのは、宝くじの販売には政府の協力が必要なので、資金集めで政府に頼らない方針だったロサンゼルス大会組織委員会は、収入源にすることを断念したのだろう。

一方、支出を見ると、ロサンゼルス大会の五億三一五五万四〇〇〇ドルに対して、モスクワ大会は八億六二七〇万ルーブル（一三億一一三〇万ドル）。モントリオール大会は一四億二〇〇〇万ドル。インフレ率や為替《かわせ》レートの変動を考慮していないため、そのまま単純に比較することはできないものの、ロサンゼルス大会が、その前の二大会よりはるかに少ない経費で開催されたことは間違いない。

それができたのは、ロサンゼルスにはスポーツ施設がそろっていて、既存施設の利用と改修でほとんどの競技に対応できたことが大きかった。選手村には大学の寮を使った。

しかしオリンピックでは、ふだんはめったに見る機会のない競技も行われる。例えば、ボートやカヌーの会場として新たに競技用の水路を作れば大きな出費になる。国際漕艇連盟は、オリンピックのたびに、大会組織委員会によりよい施設を求める。ロサンゼルス大会でも国際漕艇連盟の会長は新しい施設を求めたが、ユベロスとそのスタッフは粘り強く説得を続け、最終的には、人工の水路ではなく、ロサンゼルスから一〇〇キロ以上離れた自然の湖を会場にして低予算で開催した。

ロサンゼルス大会で支出を抑えることができた裏には、こうした国際競技連盟からの要求に対して、一線を引いて屈しなかったことがあった。国際競技連盟の会長の中には、スポーツ界で大きな影響力を持つ実力者もいる。したがって、要求をただはねつけるのではなく、良好な関係を築いたうえで合意に持っていくように努力せざるを得ない。そうした忍耐強い交渉において、ユベロスとそのスタッフは実力を発揮したと言っていいだろう。

もう一つ、野放図になりやすいのが、警備に対する支出だった。いかに「完全民営化五輪」といえども、警備だけは政府機関の警察に頼らざるを得ない。競技場と選手村、および選手の移動に関する警備は組織委員会が責任を負っており、そこに派遣される警官の人件費、必要な装備、そのほか諸経費を負担しなければならない。こうした費用を賄うために、ロサンゼルス市は大会開催が決まったあと、観光客に対して〇・五%のホテル税をかけた。この収入と、オリンピックの入場券に付加された税金によって一九三〇万ドル（四八億六三六〇万円）が市のオリンピック信託金となり、そこから一五〇〇万ドル（三七億八〇〇〇万円）がロサンゼルス市警に割り当てられた。

だが、警備に対する支払いは、これで終わりではなかった。組織委員会とロサンゼルス市の契約で、警備要員の雇用についてはロサンゼルス市警に権限があったため、警備要員配備のための費用として、市警は九五〇〇万ドル（二三億九四〇〇万円）を追加で要求してきた。その中には「昼食代四二万五〇〇〇ドル、ゴルフカート使用料二万ドル」なども含まれていた。ミュンヘン大会では実際にテロ事件が起こっているため、警備だけは、警察側の要求を最大限にのむ以外ない。それでもユベロス率いる組織委員会は、要求をよく調べずに受け入れることはしなかった。スタッフが「（警察は）キャビア付きの昼食の代金までこちらに負担させようとしている」と発言してロサンゼルス市警を怒らせる一幕もあったが、最終的には六七〇万ドル（一六億八八四〇万円）で合意している。これは、選手村を開けるわずか一週間前の交渉だった。経費の支出を適正なものにするには、こうした粘り強い態度が必要だったのである。

「一業種一社」のスポンサー契約

一方、収入に関して言えば、ユベロスのやったことは、オリンピックの持つ商業的な価値を十分に引き出したということだった。しかしその具体的な手法は、オリンピックにおいては初めてのことであっても、ビジネスの鉄則から考えれば常識的な手法だった。

米国向けのテレビ放映権料を決めるときに初めて競争入札を行ったが、入札という形を取ろうが取るまいが、各局の条件を聞いていちばんよいところと契約するというのは、過去にも行われてきたことだ。新しかったのは、テレビ局のCM収入の可能性を独自に調査して、入札最低価格を二億ドル（五〇四億円）に決めたことだった。最低価格を決めるというやり方は、ユベロス自身が、彼のビジネスにおいてたびたび用いてきた交渉術だった。問題は、価格の設定が適切かどうかだが、結果を見ると、ユベロスの価格設定は市場の現実を捉えていたことが分かる。米国のABCは、放映権料を二億二五〇〇万ドル（五六七億円）で落札したうえに、ホスト局として、世界各局が特設スタジオを設置する「国際放送センター」の建設などに七五〇〇万ドル（一八九億円）を支出した。それでも、当時の報道によれば、ロサンゼルス大会の放送によって四億三五〇〇万ドル（一〇九六億二〇〇〇万円）の収入があったという。テレビ局としては、一億ドルを超える大幅な黒字だった。

スポンサー企業との契約では「一業種一社」に限定して、スポンサーになることの価値を高めた。ユベロスは巧みに業界内の競争心に訴え、過去のオリンピック・スポンサーとは比較にならない高額契約を引き出した。

ユベロスの著作によると、一業種一社の手法は、彼の部下の一人が一九八〇年レークプラシッド冬季大会を視察して考えついたものだという。レークプラシッド大会では三〇〇以上のスポンサーが参加したが、協賛金は合計で一〇〇〇万ドルにも達していなかった。ユベロスは、ロサンゼルス大会のスポンサー協賛金目標額を二億ドルに設定していたため、同じやり方では実現できないと考え、一業種一社の手法を採用。ここでも最低価格を四〇〇万ドル（一〇億八〇〇〇万円）に設定した。

最初の契約は、コカ・コーラだった。ユベロスは、ライバルのペプシコーラも大会スポンサーに関心を示していることをコカ・コーラに伝え、競争心を煽《あお》った。第二次世界大戦前からオリンピックとかかわりを持ってきたコカ・コーラは、企業イメージを守るためには絶対に勝つ必要があった。最低価格四〇〇万ドルに対し、彼らが提示したのは、実に一二六〇〇万ドル（三一億七五〇〇万円）だった。つまりコカ・コーラ一社の契約で、レークプラシッド冬季大会の協賛金の総額を上回ったことになる。

結局、公式スポンサーとして契約した企業は三四にのぼった。この中にはキヤノン、富士フイルム、三洋電機、そして電通という四つの日本企業が含まれていた。

ロサンゼルス大会の手法について語られるとき、高額契約の金額ばかり強調されがちだが、大幅な黒字が出た裏には、運営がよく考えられていた点も見逃すことはできない。ユベロスが組織委員会委員長に決まったのは七九年四月のことだったが、彼は就任するとすぐに米国向けテレビ放映権の入札を行い、その際、参加した五つのテレビ局に、入札時点で七五万ドル（一億八〇〇〇万円）の保証金を要求している。落選した場合は返還されるが、それでも保証金を求めたのは、まとまった金を銀行に預けて利息を得るためだった。合計三七五万ドル（九億円）が入金されたことで、返還するまでの間、まだ人数も少なかった組織委員会は利息だけで活動することができたのである。

五輪開催権はIOCの「売り手市場」に

まとめると、ロサンゼルス大会で大きな黒字が出たのは「ユベロスがオリンピックを極端に商業化したため」という解釈は正確ではない。大会エンブレムの利用、大会マスコットの製作といった、オリンピックの商業的価値をお金に変える手法は一九七二年ミュンヘンン大会から行われており、ユベロスも、本質的には同じことしかやっていないからだ。過去の組織委員長と違ったところがあるとすれば、オリンピックの商業的な価値をよりよく理解していて、それを引き出すにはどうすればいいか分かっていたということだろう。

そして、黒字が出たのは「商業化」によって収入を増やしたからではなく、支出を減らしたからである。支出が七六年モントリオール大会や八〇年モスクワ大会と同じだったら、ロサンゼルス大会も大きな赤字に終わっていた。その意味でユベロスの力量は、支出を抑えること、すなわちIOCや国際競技連盟の実力者たちを納得させながら、本当に必要な支出だけに抑える交渉力において大いに発揮されたと言える。この点に関連して、彼は著作の中で次のように書いている。

「計画の初期段階で、予想以上の収益があるかもしれないことを公にしていたら、経費は増大し、メーカーや業者に甘い汁を吸われていただろう。取引相手はみな、契約の再交渉を迫っていたに違いない」

ロサンゼルス大会の運営のレベルがどうだったかと言えば、満足すべき水準に達していない部分も確かにあった。例えば、ボランティアの質は高かったとは言えない。場所を聞いても「今日来たばかりだから分からない」と答える案内係。選手の話の半分も訳さない通訳。観客より前のポジションで試合観戦に熱中する係員。こういったボランティアがいたことは事実だった。

東側諸国の不参加があったにもかかわらず過去最多の一四〇カ国が参加したロサンゼルス大会を、成功と見るか、競技も運営も米国的な価値観の品評会となった自己満足の大会と見るか、見解は分かれるところだ。

ただ、IOCにとっては大きな成果があった。大会終了後、九二年大会の開催都市に、立候補が相次いだのである。ロサンゼルス大会が大幅な黒字になったという情報が、世界各都市の意欲を高めたことは間違いなかった。

八四年大会開催に立候補したのはロサンゼルスだけ。八八年大会も、IOC総会（八一年九月）で開催を争ったのは日本の名古屋と韓国のソウルだけだった。しかも、ソウルが立候補申請の書類を提出したのは締め切りを四日も過ぎた八〇年一二月四日のこと。このとき、IOCが厳格に対応してソウルの申請を却下していたら、正式な立候補都市は名古屋だけという状況だった。この時期、オリンピックは、世界の都市がこぞってやりたがるものではなくなっていたのである。

ところが、九二年大会には六都市が名乗りを上げた（八六年のＩＯＣ総会で、三回の投票の末にバルセロナが選ばれた）。オリンピックの開催権は、再び、ＩＯＣの売り手市場に戻ったのである。

「企業の金」が「個人の金」を凌駕《りょうが》する

ロサンゼルス大会では、大会の収入七億四六五五万九〇〇〇ドル（一八八一億三二八六万円）に対して、テレビ放映権料と公式スポンサーの協賛金だけで五五％を占めていた。一方、入場料収入は史上最高額だったが、収入全体の一八％に過ぎなかった。「企業の金」が半分以上を占め、「個人の金」の割合が大きく減っている。したがって、この意味では、オリンピックが「商業化」されたことは間違いない。

選手が企業の広告塔になるという「商業化」は、ＩＯＣ憲章の改定にともない、ロサンゼルス大会から明確なものとなった。企業から選手へ水面下でやり取りされていた金は、もはや水面下に止まる必要がなくなったのである。ＩＯＣ会長がブランデージからキラニンになって現実を容認する方向に舵《かじ》が切られ、一九七五年、IOC憲章で、選手の広告出演が（その選手の所属する国内オリンピック委員会か国内競技連盟の契約した企業であれば）初めて認められた。そして八四年のIOC憲章改定では、国際競技連盟、国内オリンピック委員会、国内競技連盟の承認さえあれば、選手はどの企業についても広告に出演することが可能になった。金銭の授受は、選手に直接支払われるのではなく、国内オリンピック委員会や国内競技連盟に支払われることになっていたが、これは事実上、企業が選手と契約することを容認する改定だった。

IOC、各スポーツの国際競技連盟、各国の国内競技連盟といった統括団体が選手の「商業化」を容認する方向へ傾いた背景には、統括団体自身が、それぞれのスポーツを国際的に発展させる上で、企業から金を受け取ることで資金を確保していたことがあった。

戦前に男子一〇〇m背泳ぎでオリンピック二大会連続のメダル獲得を果たし、国際水泳連盟でも要職を務めた清川正二は、著書『オリンピックとアマチュアリズム』の中で次のように書いている。

「私は1964年から1968年までの4年間、国際水泳連盟の『名誉主事』として世界の水泳の総元締めをしたが、実は当時の国際水連の台所は『火の車』で、私が大きな国際行事を企画しても資金不足で計画が不発に終わったことがたびたびあった」

こうした状況の国際競技連盟に、やりたいことをやる資金を提供したのが「企業の金」だった。テレビ放映権料や、いわゆる「冠大会」の冠スポンサー料である。

例えば、日本でも七八年に「第一回八カ国陸上競技大会・デサント陸上」という冠大会が行われている。またロサンゼルス大会の一年前、八三年に開催された第一回世界陸上選手権では、国際陸上競技連盟は一七〇万ドル（三億九四四〇万円）のテレビ放映権料を得ている。このように、スポーツを運営する団体が企業の金に頼っている以上、その傘下で競技を行う選手たちも企業の金が受け取れるように規則が変わっていくのは、必然的な流れだったと言えるだろう。

こうした流れの中、ロサンゼルス大会では、陸上競技で四冠を獲得したカール・ルイス、女子体操で個人総合金メダルを獲得したメアリー・ルー・レットンのような、オリンピックで一躍有名になるスター選手が誕生したのである。

第二章　「商業主義」の弊害とは何か

ロサンゼルスでは、明確な「弊害」はなかった

税金を投入せず「企業の金」主体で運営されたロサンゼルス大会は、史上初めて、本格的に「商業化」されたオリンピックだったわけだが、それによって、どのような弊害があったのだろうか。

ロサンゼルス大会が「商業化」されただけでなく「商業主義に陥った」大会であるなら、そこには何かしら弊害があったはずだ。

商業主義に陥るというのは、金儲けを優先するあまり、何か大切な価値や質が失われる、ということだ。

オリンピックにおいて、失われてはならない価値や質とは何だろうか。これにも様々な意見があると思われるが、一般的と思われる見解を、次の二つの柱でまとめてみた。

(1) 選手たちが、最高のパフォーマンスを発揮できる環境を作ること。
(2) オリンピックの理念と格式を守ること。

まず（1）はどうか。ロサンゼルス大会で、選手の競技環境が損なわれたとすれば、選手村として地元大学の寮、つまり勉学用の施設を利用したため、オリンピック選手の宿泊には少し狭過ぎたことがあるかも知れない。だが、税金の投入が許されなかったこの大会で、選手村の新たな建設はできなかった。「税金の投入は許さない」というロサンゼルス市民の決定に従うには、この方法しかなかったと言っていいだろう。

ロサンゼルス大会で選手のパフォーマンスを確実に損なったのは、ソ連をはじめとする東側諸国の不参加で、世界のトップを決める大会にならなかったことだ。これは商業化の問題ではなく、政治的な問題だった。ワルシャワ条約機構に加盟していた七カ国から唯一参加したルーマニアに対しては、IOCと大会組織委員会が、渡航費の三分の一にあたる約一二万ドル（三六三〇万円）を援助している。これは当時の「ロサンゼルス・タイムズ」紙が報じた事実だが、この援助によって、ルーマニアは選手団派遣の飛行機二機をチャーターすることができた。当初は、ほかのワルシャワ条約機構の国々と相乗りで飛行機をチャーターする計画だったが、他国は不参加になったため、相乗りする相手がいなくなってしまったのだ。ルーマニアの参加は、大会のレベルを上げるうえで重要だった。中でも女子体操では団体金メダル、個人総合でもエカテリーナ・サボーが、米国のメアリー・ルー・レットンと激闘を演じた末に銀メダルと名勝負を展開した。最終的にルーマニアは、米国、西ドイツに次ぐ五三個のメダルを獲得している。

ソ連不参加の理由は、冷戦下の時代、米国で開催されるオリンピックでは選手の安全が保証されないというものだったが、一九八〇年モスクワ大会ボイコットに対する報復という見方も当然あった。そういった政治的事情の中、社会主義国ルーマニアの参加を促すために、資本主義の金を大々的に取り込んだ組織委員会の資金力が助けになったわけだ。

では、（2）はどうだろうか。スポーツイベントが商業化されると、通常は会場の中にスポンサー企業の広告が出る。だが、オリンピックでは会場内の広告表示はない。それはロサンゼルス大会でも同じだった。広告のない会場は、オリンピックの格式を守るうえで欠かせない条件だろう（会場に広告が出ていると、それが民放テレビで中継された場合、テレビ局が中継のスポンサーを見つけにくくなるという事情もある）。

スポンサー企業は、放送や活字の広告で、大会のロゴを使用して公式スポンサーを名乗ることはできるが、オリンピックの会場に広告を出すことはできない。むしろ「公式スポンサー」などという考え方のなかった時代に、寄付された製品にメーカーの企業名が入っていて、それが会場に設置されてメディアに露出するということがあった。前述したように六四年東京大会では、代々木第一体育館の電光掲示板に「ＨＩＴＡＣＨＩ」と入っていた。この点では、ロサンゼルス大会より東京大会の方が、企業名の目立つ大会だったとも言える。

ロサンゼルス大会からは、陸上競技のカール・ルイスのように、選手村に入らないスター選手が出てきたことは事実だった。オリンピックは、世界中の選手が一堂に会することを目的にしているため、これは理念に反した行為ということになる。それに対して、ルイスは自伝の中で次のように書いている。

「オリンピック村にチェックインすると（略）外に出れば外国から来ている選手たちに取り囲まれた。サインをせがまれて、写真を一緒に撮ったり、友人の友人とやらを紹介されたり、とにかくエネルギーを消耗することばかりでまともに歩くことすらできない」（『アマチュア神話への挑戦　カール・ルイス』）

ルイスは集中するために、選手村を出てハリウッドに一軒家を借りて滞在したという。

オリンピックの理念と彼の言い分と、どちらに分《ぶ》があるかは意見の分かれるところだろう。

こう見てくると、ロサンゼルス大会が商業化された大会であったことは確かだが、商業主義による具体的な弊害となると、明確に指摘できるものはあまりない。当時の新聞報道を見ると、公式スポンサーを意味する「オフィシャル○○」という表現が米国のテレビコマーシャルに溢《あふ》れていて、これが流行語のようになり、会場のゲートに立っている警備員が近くに犬をつないで「オフィシャル・ドッグ、三〇ドル」という看板を出しているといった、弊害というより風刺の対象として商業化の風景を報じている。

弊害の兆しが出始めたのは、次のソウル大会からだった。

「一線を越えた」ソウルの競技時間変更

アスリートが最高のパフォーマンスを発揮する環境を作ることはＩＯＣや大会組織委員会の務めのはずだが、**一九八八年ソウル大会**では、それが二の次になることもあり得ることが明らかになった。陸上競技男子一〇〇ｍの決勝が、九月二四日の午後一時三〇分に設定されたのである。一九八七年と八八年の二年間だけ、韓国ではサマータイムが採用されていた。このため、現在の時刻でいえば午後〇時三〇分になる。

これは、米国のゴールデンタイムに合わせてテレビ中継するための措置だった。このときの男子一〇〇mは、カール・ルイスとベン・ジョンソンの対決が世界的な関心を呼んでいたため、オリンピック全競技の中でも、とりわけ注目度の高いものだった。

オリンピックの競技時間を決める権限は、各スポーツの国際競技連盟にある。陸上競技の場合は国際陸上競技連盟だ。国際陸連が最初に出したソウル大会のスケジュールでは、男子一〇〇m決勝は午後五時になっていたという。八四年ロサンゼルス大会では午後七時一〇分に行われている。初めて衛星中継の行われた六四年東京大会では午後三時三〇分だった。午後五時というのは、通常の陸上競技の開催時間として妥当だった。しかし、ソウルの午後五時は米国西海岸時間で午前〇時、東海岸時間で午前三時になる。これでは、米国の放送局に放映権料を高く売ることができない。組織委員会は、決勝の時間を繰り上げてもらうために、国際陸連の会長プリモ・ネビオロと交渉を重ねた。

『The Lords of the Rings』によると、ネビオロは、組織委員会との駆け引きを前提にソウル大会の日程を提案していたという。

このとき、ソウル大会の組織委員会だけでなく、ＩＯＣ会長だったファン・アントニオ・サマランチも、ネビオロに対して競技時間の繰り上げを要請したが、ネビオロは国際陸連へのテレビ放映権料分配の増額を要求。これはサマランチが拒否したため、結局、大会の組織委員会がネビオロと交渉を続けたとされる。

最終的に、韓国のスポーツウェア企業が国際陸連と二〇〇〇万ドル（二五億二〇〇〇万円）のスポンサー契約を交わすことで、ネビオロは決勝時間の繰り上げに同意したというのが、著者である英国人ジャーナリストの見方だ。

午後一時三〇分であれば、米国西海岸時間で午後八時三〇分、東海岸時間で午後一一時三〇分になる。結果的に、米国ＮＢＣの放映権料は三億ドル（三七八億円）になった。これは、ソウル大会の放映権料四億二六〇〇万ドル（五〇七億二七六〇万円）の七五％にあたる。

午後一時三〇分のスタートが、最高のパフォーマンスを阻害する時間設定かどうか、断定的なことは言えない。ただ、一〇〇ｍは準決勝と決勝を同じ日に行うため、決勝が午後一時三〇分ということは、準決勝は午前中になる。決勝進出を目標にしている選手は、準決勝にピークを持っていくように調整するわけだが、通常、午前中にピークを持っていくのは非常に難しい。マラソンのように気温がレースに影響を与える競技は朝にスタート時間を設定することもあるが、一〇〇mは、暑い時期の大会でも、準決勝と決勝は午後に設定されるのが普通だ。そのことを考えると、選手にとって、やはり最高の競技日程とは言えないだろう。

ソウル大会では、セルゲイ・ブブカの出場した男子棒高跳びの決勝も午後〇時三〇分の開始で、男子走り高跳びの決勝は午後〇時一〇分の開始だった。通常であれば昼食をとるべき時間を挟んでの競技になるわけで、これも最高の日程とは言えない。この意味で、ソウル大会は、オリンピックが商業主義に陥った最初の大会だったと言っていい。

放映権料をめぐる裏事情

ソウル大会の組織委員会が、競技スケジュールを米国のゴールデンタイムに合わせることに熱心だった背景は、当時、放映権の交渉に直接かかわっていたマイケル・ペインの著書『オリンピックはなぜ、世界最大のイベントに成長したのか』で明らかにされている。

組織委員会は、テレビ放映権料の交渉にあたって、米国のスポーツエージェント会社ＩＭＧの放送部門の人間を、コンサルタントとして雇っていた。そしてこのコンサルタントから、ソウル大会の米国向け放映権料について、ロサンゼルス大会の五倍程度は期待できるという話を聞かされていたという（著者のペインは、この期待値は米国の広告市場の現実を無視した根拠のない予測だったとしてコンサルタントを批判している）。

しかし、ＡＢＣ、ＣＢＳ、ＮＢＣの三大ネットワークが入札に参加した結果、最高額を提示したのはＮＢＣで、金額は三億ドルだった。これはロサンゼルス大会でＡＢＣが払った二億二五〇〇万ドルの三三％アップに過ぎなかった。当てが外れたソウル大会の組織委員会は、契約を渋った。だが、ＩＯＣの放映権交渉委員会委員長だったディック・パウンドに説得され、「広告収入が予測より伸びた場合はその利益を分配する」という追加条件を加えて、ようやく合意に達したという。

つまり、ソウル大会の組織委員会は、ＮＢＣから追加の利益分配を受けるには、できるだけＮＢＣがＣＭを売りやすくする必要があったわけだ。陸上競技における決勝時間の繰り上げは、そのための対応だったと思われる。

ペインによれば、ソウル大会の組織委員会がこれほど米国テレビ局の放映権料にこだわった理由は、最終的な大会の収支を心配していたからではない。コンサルタントから聞かされていた予想額より、あまりに少ない金額でしか契約できなかったため、交渉団のメンバー（この中にはのちにＩＯＣ副会長に就任した金雲龍《キムウンヨン》もいた）が面子《メンツ》をつぶされたように感じていたからだという。

米国のゴールデンタイムに合わせて競技スケジュールを変更したものの、同書によると、ＮＢＣから組織委員会に対する追加の利益分配はなかった。

テレビマネーに配慮する必要はなかった？

ソウル大会の放映権料交渉において「金儲けのために、価値や質を損なう」商業主義に陥っていたのは誰なのだろうか。ＩＯＣだろうか。国際陸連のネビオロだろうか。ソウル大会の組織委員会だろうか。

それぞれが、競技スケジュールの変更にかかわったことは事実だ。その中でカギを握っていたのは、やはりソウル大会の組織委員会だろう。組織委員会が、米国への中継には時差があるのだから、ロサンゼルス大会と比べて放映権料のそれほど大きなアップは望めないという前提に立っていれば、通常の競技スケジュールで開催することが可能だったように思える。というのも、ロサンゼルス大会を上回る金額を引き出せなかったとしても、ソウル大会は黒字になっていたからだ。

米国のテレビ局が三億ドルで契約してくれなければオリンピックが開催できないとか、大幅な赤字になってしまうとか、そのような状況であれば、米国のテレビ局に配慮する必要もあったかも知れない。だがソウル大会の収支決算を見ると、そのような現実があったわけではないことが分かる。

公式報告書によると、ソウル大会の総収入は九〇九八億四〇〇〇万ウォンだった。当時は一ドルが六八四・一ウォンだったから、一三億三〇〇〇万ドル。円に換算すると、一六七五億八〇〇〇万円になる。これに対して総支出は五六八三億九一〇〇万ウォン（一〇四六億九〇〇〇万円）で、差し引き三四一四億四九〇〇万ウォン（六二八億九〇〇〇万円）。ロサンゼルス大会をはるかに上回る巨額の黒字を計上している。

ということは、米国のテレビ局との契約が半分の一億五〇〇〇万ドルだったとしても、巨額の黒字のごく一部が減るに過ぎない。それほど高額の放映権料を引き出さなくてもオリンピックは開催できたし、収支が赤字に陥ることもなかったわけだ。

実際には、テレビ放映権料のうち、組織委員会に入って大会収支に計上されたのは二二四六億九四〇〇万ウォン（四一三億八五〇〇万円）だった。これは放映権料全体の約八〇％で、残りは、各スポーツの国際競技連盟とＩＯＣに分配された。二二四六億九四〇〇万ウォンは、ソウル大会の収入全体の中で見れば、約二五％に過ぎないのである。

もちろん、収支が黒字になるかどうかは大会が終わってみないと分からない。テレビ放映権料を交渉している時点では、最終的に記念コインと記念メダルが一三五二億三五〇〇万ウォン（二四九億円）も売れることや、寄付金が二四一六億三四〇〇万ウォン（四四五億円）も集まることは分からなかった。したがって、できるだけ高い金額で売っておきたいという考え方になるのかも知れないが、それにしても、最終的な黒字額はＮＢＣの放映権料三億ドルの約一・七倍もの金額だったのだから、収支のカギを米国のテレビ局が握っていたわけでないことは確かだ。

オリンピックが「収入の最大化」を目指す意味はあるのか

それでも、ソウル大会の組織委員会が通常の競技スケジュールを変えてまで米国のゴールデンタイムに競技時間を合わせたというのは、放映権料を最大化するための商業主義的な行動だったと言わざるを得ない。

ここに、商業主義というものの新たな側面が見えてくる。つまり、必要とされる以上の金を稼ごうとすること――。これが、商業主義に陥ったとき、しばしば出てくる行動原理だ。民間企業が収入を最大化しようとするのは合理的な行動だが、オリンピックの組織委員会が、開催に必要とされる以上の金を稼ごうとするのは合理的とは言えないだろう。稼ぐためにアスリートの競技環境を犠牲にするのであれば、なおさらである。

一般論で言えば、放映権料を最大化しようとするのは、オリンピック開催の総支出がいくらになるか、事前に正確な金額を把握することが難しいため、予想以上の支出に備えた合理的な努力とも言える。

ピーター・ユベロスも、ロサンゼルス大会が大幅な黒字になったのは運がよかった面もあったと認めている。経費を増大させる要因には、テロ攻撃、労働者のストライキ、天災など、実に様々なものが考えられる。大会の直前に（あるいは期間中に）そのような問題が起きれば、解決のために、金に糸目をつけず取り組まざるを得ない。幸いにして、ロサンゼルス大会ではそうした事態に見舞われることはなかった。それでも、考え得る限りの問題に対して、ユベロスは詳細な緊急用計画を用意していたという。例えば、ロサンゼルス大会ではソ連をはじめとする主な東側諸国が不参加だったため、ABCが契約した放映権料の全額支払いを拒否する可能性があった。その場合に備えて七〇〇〇万ドル（一七六億四〇〇〇万円）を用意していたという。しかし実際に開幕してみると、米国内での視聴率が予想以上によかったため、ABCの支払い拒否は起こらなかった。

このように、オリンピックの総支出を予測することは難しい。それでもなお、ソウル大会において、放映権料を最大化するために最良の競技スケジュールを犠牲にする必要があったとは思えない。なぜならソウル大会の場合、ロサンゼルス大会とは違って、税金の投入が禁じられていたわけではないからだ。組織委員会は、民間資金だけで黒字化する義務を負っていたわけではなかったのである。実際、二四一六億三四〇〇万ウォン（四四五億円）に達した寄付金の中には、民間からの寄付だけでなく、政府からの寄付もあった。
ソウル大会の競技スケジュールが決まる前の一九八四年一二月、スイスのローザンヌで行われたＩＯＣ臨時総会で、当時ＩＯＣ委員だった日本の清川正二（前出）は、次のように演説している。
「最後に申し上げたいのは一九八八年のソウル大会に関することですが、米国のテレビ会社がソウル大会の主要スポーツの決勝競技の開始時間を徹底的に変更させると噂《うわさ》されていることです。（略）それらの最終決定は主催者であるＩＯＣの責任でもあります。ＩＯＣはこれまでの指導方針は『競技者第一主義』でやってきました。したがって私はＩＯＣ理事会が米国テレビ会社と契約を結ぶ場合には、ぜひ『競技者第一主義』を通し『金銭優先』にならないよう配慮することを希望します」（『スポーツと政治』）
清川は、七九年から八三年までＩＯＣの副会長を務めた。三六年ベルリン大会で銅メダルを獲得したときは、総合商社・兼松商店（現兼松）の社員だった。このときは当時のＩＯＣ憲章に従い、会社を約五カ月間休職して大会に参加している。その間給料の支払いはなく、支給されたのは休職手当二〇〇円だけだった。彼はアマチュアリズムを振りかざす

ＩＯＣ委員ではなかったが、ＩＯＣの権威と信頼を守ることには熱心だった。
ソウル大会では、清川が懸念したほど多くの競技、多くの種目で大幅なスケジュール変更が行われたわけではなかった。だが、サマランチが会長になった当時のＩＯＣ理事会が、清川の訴えたＩＯＣの原則を尊重しなかったことは事実だ。

テレビマネーを別次元に引き上げた複数大会契約

ＩＯＣが発表している「OLYMPIC MARKETING FACT FILE」によると、夏季大会のテレビ放映権料は、次のように上昇している。

一九七六年モントリオール　三四九〇万ドル
一九八〇年モスクワ　八八〇〇万ドル
一九八四年ロサンゼルス　二億八六九〇万ドル
一九八八年ソウル　四億二六〇万ドル
一九九二年バルセロナ　六億三六一〇万ドル

一九九六年アトランタ　八億九八三〇万ドル
二〇〇〇年シドニー　一三億三一六〇万ドル
二〇〇四年アテネ　一四億九四〇〇万ドル
二〇〇八年北京　一七億三九〇〇万ドル

増加率と金額の両方を見ていくと、ロサンゼルス大会とシドニー大会で飛躍的に伸びていることが分かる。ロサンゼルス大会は、ピーター・ユベロスが初めて入札制を取り入れて高額になったわけだが、シドニー大会のときは、何があったのだろうか。

それは「複数大会の同時契約」という新しい契約方法だった。一大会ごとに入札、交渉を繰り返すのではなく、複数の大会をまとめて交渉、契約するという手法が、米国のNBCによって大々的に行われたのである。

複数大会の同時契約を最初にやったのは、豪州のテレビ局「チャンネル7」だった。チャンネル7は、一九九六年アトランタ大会の豪州向け放映権料の入札に際して、アトランタ大会単独ではそれほど高額の条件を提示できないが、自国で行われる二〇〇〇年シドニー大会もセットで契約できるならよい条件を提示できるとして、IOCの放映権交渉委員会委員長ディック・パウンドと交渉、二大会合計七五〇〇万ドル（八六億一五〇〇万円）で契約した。これが、テレビ放映権契約の新しい手法となった。

これを聞いた米国のNBCは、一九九五年七月、シドニー大会と、自国開催が決まっていた二〇〇二年冬季ソルトレークシティ大会の放映権を同時に獲得するべく行動を起こした。中心人物は、NBCスポーツの会長ディック・エバーソルだった。

エバーソルは、二〇代だった一九七〇年代に人気娯楽番組「サタデー・ナイト・ライブ」のディレクターとして頭角を現すと、八〇年代にはプロデューサーとして、エディ・マーフィという大スターを得て不動の人気番組に育て上げた。八九年にNBCスポーツの会長に就任している。

豪州チャンネル7による「複数大会の同時契約」を知ったエバーソルは、この手法は自分たちにも利点があると考えた。ソルトレークシティ大会の放映権が妥当な金額で手に入るなら、自国開催の強みで利益が出るはずだから、時差のあるシドニー大会の高額契約で赤字を出しても、二大会合計なら採算が取れるのではないか——これがエバーソルの考えだった。

冬季大会の放映権は、九二年アルベールビル、九四年リレハンメル、九八年長野と、三大会連続で米国ではCBSが獲得していた。NBCとしては、複数大会の同時契約という新しい手法で、自国開催のソルトレークシティ大会を獲得したいと考えたわけだ。

この結果、NBCはシドニー大会に対して桁外れの高額オファーをすることになった。自国開催だったアトランタ大会より二億四九〇〇万ドルも多い、七億五〇〇〇万ドル（八一〇億七五〇〇万円）で契約したのである。シドニー大会の契約がどれほど飛躍的なものであったかは、ロサンゼルス大会以降の、米国向け放映権料の軌跡を見れば分かる。

一九八四年ロサンゼルス　二億二五〇〇万ドル
一九八八年ソウル　三億ドル
一九九二年バルセロナ　四億一〇〇万ドル
一九九六年アトランタ　四億五六〇〇万ドル
二〇〇〇年シドニー　七億五〇〇〇万ドル

ロサンゼルス大会からアトランタ大会まで、増加ペースは一四％から三四％程度だったが、シドニー大会は五五％の増加になっている。この結果、大会放映権料の総額も、一三億三一六〇万ドルと飛躍的に増加することになった。

テレビマネー高騰の主役はGE

このときNBCは、他社との入札を経ることなく、単独でIOCと契約を結んでいる。ロサンゼルス大会以来、米国の放映権料はすべて入札で、最高額を提示したテレビ局が獲得してきたにもかかわらず、このときだけなぜ入札なしで契約できたのか。

その顚末を見ていくと、オリンピックの放映権はスポーツ界の人間だけで処理されるビジネスではなく、米国経済のキーマンがかかわるビジネスになっていることがよく分かる。

NBCは、もともと米国のエレクトロニクス企業「RCA」傘下で設立された放送局だったが、一九八六年、そのRCAを、米国を代表する複合企業「ゼネラル・エレクトリック（GE）」が買収したため、GEの傘下に入った。当時、GEの会長は、徹底した合理化で有名になったジャック・ウェルチだった。ウェルチは自伝の中で、会長に就任する前、日本の横河電機の工場を訪問して、あまりの効率のよさに衝撃を受けた体験を語っている。その見聞から「いずれGEは日本企業の攻勢を受ける」と考えた彼は、攻勢を受けにくい企業の買収を考え、食品、製薬、テレビ放送という三つの産業に的を絞って、買収の対象企業を探したという。その結果、NBCを手に入れるために、RCAを六三億ドル（一兆二六六二億円）で買収した。これは、石油産業以外では過去最大の買収だった。

ウェルチの自伝によれば、NBCがシドニー、ソルトレークシティ大会の放映権を獲得したときの経緯は、次のようなものだった。

九五年七月、NBCスポーツ会長のエバーソルが、ウェルチを含む電話会議で二大会同時契約の有効性を説き、そのためには一二億ドル（一二三六億円）が必要になると話した。「最悪のケースではどんなことが考えられるかな」とウェルチが聞くと、エバーソルは「一億ドルの損失の可能性がある」と答えたという。

それでもウェルチはこれを承認した。エバーソルはすぐにGEの社用機に乗り込み、IOC会長のサマランチに会うため、世界陸上選手権の行われていたスウェーデン・イエテボリに向かった。そこでサマランチの了解を取りつけるとモントリオールに飛び、IOCの放映権交渉委員会委員長ディック・パウンドに会って基本的な契約を交わした。ウェルチの了承を受けてから基本的な契約まで、わずか三日間という迅速な行動だった。

入札なしで契約するには、入札をやってもこれ以上にならないだろうとIOC側が納得する金額を提示する必要があった。その結果が、シドニー大会の七億五〇〇〇万ドルだった。

NBCにとって、オリンピックは、もはやその放送自体で利益を当てにするものではなくなっていた。九五年当時、米国のテレビ界は衛星放送の参入で多チャンネル化に拍車がかかっており、オリンピックのような強力なコンテンツは、地上波のためだけのものではなくなっていた。NBCには八九年に始めたケーブルテレビ「CNBC」があり、マイクロソフトと共同で設立したケーブルテレビ「MSNBC」もあった。どちらもニュース専門局だったが、開催期間中はオリンピック中継を放送したことで、加入者を増やすことができた。ウェルチも「オリンピック放送権の取引は、NBCにとって、とくにケーブルテレビ事業にとって大当たりだった」と書いている。

なおシドニー大会では、ソウル大会のような、米国のゴールデンタイムに合わせた競技スケジュール変更はなかった。陸上競技男子一〇〇m決勝は現地時間の午後八時二〇分に行われ、前年に九秒七九の世界記録を出した米国人選手モーリス・グリーンが金メダルを獲得している。女子には、のちに薬物使用を告白して陸上界を去ったマリオン・ジョーンズがいた。オリンピック史上初の陸上競技五冠に挑戦するという最高の話題を提供して、一〇〇m金、二〇〇m金、走り幅跳び銅、四〇〇mリレー銅、一六〇〇mリレー金という成績を収めた（のちにすべて返上）。しかしジョーンズが出場する決勝種目も、すべて現地時間の夜、米国時間の深夜から早朝にかけて行われている。

シドニー大会が、米国のゴールデンタイムに合わせることなく通常の競技スケジュールで行われ、なおかつ大会として黒字が出ているという事実は、米国向けの競技スケジュールなど組まなくても、オリンピックは開催できることを証明している。

シドニー大会の競技施設は、政府が公共施設として税金で建設した。それを除いた、大会の運営にまつわる収支は黒字になっている。公式報告書によると、総収入は二三億八七〇〇万豪ドル（一三二二億八五〇〇万円）で、総支出は二〇億一五七〇万豪ドル（一一〇八億六三五〇万円）。差し引き三億七一三〇万豪ドル（二〇四億二一五〇万円）の黒字だった。

大会総収入に占めるテレビ放映権料のパーセンテージは四七％と高まっていたが、これは欧州や日本の放映権料も高くなったことが大きく影響している。米国ＮＢＣの七億五〇〇〇万ドルは放映権料全体の五三％で、ソウル大会の七五％と比べると、米国の放映権料が占める割合は相対的に下がっていた。

米国のテレビ中継のために通常の競技スケジュールを変更するという問題はもはや起こらないかと思われたが、北京大会で再び、よりひどい形で行われた。

水泳と体操の理不尽な時間変更

二〇〇八年北京大会では、水泳と体操で、かつてなかった、米国向けのひどいスケジュール変更が行われた。それがどんなものであったかについて書く前に、これがどのような構造の中で起こったのかを振り返っておきたい。

米国のＮＢＣが二〇〇〇年シドニー大会と二〇〇二年冬季ソルトレークシティ大会の同時契約を発表したのは一九九五年八月七日のことだった。その後、同年九月に正式契約を結ぶため、エバーソルらＮＢＣの交渉団は、ＩＯＣ本部のあるスイス・ローザンヌを訪問した。その際IOC側から、〇四年の夏季大会、〇六年の冬季大会、〇八年の夏季大会に関して、さらに同時契約を結ぶことに興味があるか打診を受けている。

三カ月後の九五年一二月一二日、NBCは〇四年を七億九三五〇万ドル（八一七億三〇五〇万円）、〇六年を六億一三四〇万ドル（六三一億八〇二〇万円）、〇八年を八億九三〇〇万ドル（九一九億七九〇〇万円）で、三大会同時の契約を発表している。

入札は行われず、IOCとNBC、二者の話し合いだけで契約が成立している。ここで問題だったのは、契約が成立した九五年の時点で、この三大会は開催都市さえ決まっていなかったということだ。開催地によって大きな時差があるにもかかわらず、シドニー大会を上回る金額で契約すれば、どういうことが起こるのか。

二〇〇四年アテネ大会、〇六年冬季トリノ大会は通常の競技スケジュールで行われた。欧州で米国のゴールデンタイムに合わせると競技時間は未明になってしまうため、これは議論の対象にならない。しかし、アジアで開催される場合は違う。〇八年北京大会では、水泳の全種目と、体操の団体、個人総合の決勝が午前中に行われることになったのである。

水泳は連日、午前一〇時から準決勝、決勝、午後六時三〇分から予選が行われるスケジュールになった。北京時間の午前一〇時は、夏時間の場合、米国東海岸で午後一〇時、西海岸で午後七時にあたる。

しかし、通常のスケジュールはまったく逆である。過去のオリンピックも、世界選手権も、午前中に予選、午後に決勝が行われている。

なぜ、通常は「午前予選、午後決勝」なのか。理由の一つは、午前中より午後の方が肉体的によいパフォーマンスを発揮できるからだが、水泳の場合、もう一つ重要な理由がある。多くの選手が複数の種目に出場するからだ。北京大会の北島康介を例に取れば、一〇〇m、二〇〇mの平泳ぎ、四〇〇mメドレーリレーと三種目に出場している。選手によっては、午前中にある種目の予選を泳いだあと、午後に別の種目の決勝に出場することもある。午前中の予選で体を活性化して、午後の準決勝、決勝に向けて集中力を高めていく。これが水泳の大会の基本的なパターンである。

これが逆だと、どうなるか。午前中の決勝で全力を尽くしたあと、消耗した状態で午後に別の種目の予選に臨むということがあり得る。長年懸けてきた種目の決勝に出てタッチの差でメダルを逃した場合など、精神的な切り替えがつかないまま、午後に別の種目の予選に出場する場合も出てくる。通常のスケジュールであれば、決勝のあとは一晩寝て、翌日午前の予選に向かっていくので気持ちを切り替えやすい。肉体的にも精神的にも、通常のスケジュールの方が、選手がよいパフォーマンスを発揮しやすいはずなのである。だからこそ、過去のオリンピックも世界選手権も「午前予選、午後決勝」で行われてきたのだ。

体操も同じだった。北京大会の男子団体決勝は午前一〇時から。個人総合の決勝は午前一一時からに設定された。女子団体決勝も午前一〇時一五分、個人総合の決勝は午前一一時一五分の開始だった。通常の大会なら、決勝は午後に行われている。

午前中の決勝が検討されていたとき、日本体操協会で北京五輪強化委員会委員長だった塚原光男は「午前中では体が十分に動かない」と反対の意思を表明していた。体操の場合、水泳より競技時間がずっと長い。男子は団体も個人総合も約三時間。女子も約二時間かかる。午前一〇時や一一時の開始だと、ちょうど昼食時間をまたいで行われることになり、選手たちは午前中に最高のパフォーマンスを目指すだけでなく、通常とは違う時間帯に食事をとる必要性も出てくる。こうしたコンディション調整を強いるスケジュールが、選手にとってベストの競技環境であるはずはない。

なぜ、競技環境より放映権料が優先されるのか

通常とは逆の「午前決勝、午後予選」が決まったのは二〇〇六年一〇月のことだったが、さすがにIOCの内部でも反対の声があった。豪州のIOC委員で、理事会のメンバー、および副会長の経験もあった長老格のケバン・ゴスパーは「容認できない前例を作ろうとしている」と、IOC会長のジャック・ロゲに抗議文を送っている。しかし全IOC委員（定員一一五人）のうち会長、副会長四人、理事一〇人で構成されるIOC理事会の決定によって、通常とは逆のスケジュールが承認された。競技スケジュール作成の責任はそれぞれの国際競技連盟が負っていて、IOCがそれを承認する形だから、この異例のスケジュールを決定した責任は、国際水泳連盟、国際体操連盟、そしてIOC理事会の三者にある。国際水泳連盟の会長はアルジェリア人のムスターファ・ラーファオウイ、国際体操連盟の会長はイタリア人のブルーノ・グランディだった。二人ともIOC委員であり、国際競技連盟の会長としてもIOC委員としても、選手にとってベストのスケジュールを組む責任があったはずだが、ジャック・ロゲ会長を含め、彼らが尊重したのは、米国のテレビ

局のＣＭ売り上げの方だった。

北京と時差が二時間しか違わないシドニー大会のときには、米国のテレビ中継のために競技スケジュールが変更されることはなかった。ＮＢＣは、米国時間の深夜に行われた決勝種目の大半を、生中継はせず、半日遅れのゴールデンタイムに編集して放送したのである。独占放送なのだから、それでも人々はＮＢＣでオリンピックを見るだろうと考えたわけだ。

しかしシドニー大会の行われた二〇〇〇年には、すでにインターネットが普及していて、視聴者はそこからオリンピックに関する情報を得ることができた。こうした情報環境の下、ＮＢＣのシドニー大会中継平均視聴率は一三・八％（ゴールデンタイム平均）だった。これは、米国内のオリンピック放送として史上最低の数字だった。

北京大会で水泳と体操の決勝時間が変更された背景に、この事実があったことは間違いない。さらに加えて、米国人にとって関心の高いスター選手がいるかどうか、米国選手の活躍が望めるかどうかも、やはり影響していたようだ。

シドニー大会では、水泳は開催国の豪州が実力・話題性ともに米国を凌《しの》ぐ勢いで、最大のスター選手は豪州のイアン・ソープだった。体操でも米国はあまり有力選手が見当たらず、男女ともメダルは取れずに終わっている。

しかし北京大会では、米国の水泳界にマイケル・フェルプスという大スターが現れていた。体操でも、北京大会では男子が団体銅メダル、女子は団体銀メダル。北京に向けて、米国女子にはナスティア・リューキンという有力選手が登場しており、実際、リューキンは個人総合金メダルを獲得している。こうしたスター選手たちが、米国の視聴者をひきつける存在としてテレビ局から期待されていたことは間違いない。

米国向けのスケジュールに賛成したIOC理事会や国際競技連盟の会長は、結果的に、「水泳では三二種目中一九種目の決勝で世界記録が出たのだから、午前中の決勝に問題はなかった」と言うかもしれない。しかし、記録レベルが高かったことは、米国向けのスケジュール変更を正当化する理由にはならない。世界記録が出たのは、この年に水泳界を席巻した競泳用水着、スピード社の「レーザー・レーサー」の影響が大きかったことは間違いないし、たとえ水着の影響以上の世界記録が出ていたとしても、このスケジュールがよかったということにはならない。そもそも午前中の決勝という設定に対して、豪州のグラント・ハケット（シドニー、アテネ大会一五〇〇m自由形金メダル）やオランダのピーター・ファンデンホーヘンバンド（同一〇〇m自由形金メダル）といった選手たちは反対を表明していた。どちらにするかを選手が選べるなら、圧倒的多数の選手が通常のスケジュールを支持したはずだ。なにより、午前中に決勝を行う方がよいスケジュールであるなら、過去のオリンピックも世界選手権も、なぜ同じスケジュールで開催しなかったのかということになる。これは体操に関しても、同じことが言える。

　ＩＯＣも、国際競技連盟も、圧倒的多数の選手が支持する最良のスケジュールを提供する義務を負っていることに、議論の余地はないはずだ。この意味で北京大会は、かつてないほどひどい形で商業主義に陥った大会だったと言える。

　北京大会の公式報告書には大会の収支決算が出ていないため、大会運営において米国ＮＢＣの放映権料がどの程度のパーセンテージを占めていたのか、正確なところは分からない。だが、競技スケジュールの変更もやむを得ないほど大きなパーセンテージを占めていたわけでないことは明らかだ。なぜなら、全体の放映権料の中で占める米国ＮＢＣの割合は、シドニー大会よりも北京大会の方が低くなっているからだ。

前述したように、シドニー大会で全体の放映権料に占めるＮＢＣの割合は五三％だった。しかし北京大会においては、全体の放映権料一七億三九〇〇万ドルに対してＮＢＣは八億九三〇〇万ドルだから五一％だ。北京と二時間しか時差の違わないシドニーでは通常スケジュールで開催できたのだから、北京でも同じように開催できなければ、筋が通らない。

時差の関係で高い放映権料を払いたくないのであれば、開催地が決まってから交渉するという選択肢がＮＢＣにはあった。しかしＮＢＣは、ＩＯＣの打診に従って、開催地が決まる前に契約している。開催地が決まる前に放映権料を決めてしまい、開催地が北京になると、放映権料に見合うように米国のゴールデンタイムに合わせて競技時間を変更させる。そしてＩＯＣも、国際水泳連盟や国際体操連盟も、それを認める。ＮＢＣから最大の放映権料を引き出すために、選手の競技環境を犠牲にしたのである。

アトランタが「格式」を欠いた理由

オリンピックの格式が守られなかった最も典型的な例としては、一九九六年アトランタ大会を挙げることができる。ただしこれは、商業主義による弊害と言えるかどうか、判断するのは難しい。なぜなら、オリンピックによって収入を得ようとしたのが、民間企業ではなくアトランタ市だったからだ。

オリンピックの格式を損なう混乱が生じたのは、テレビに映る競技場の中ではなく、競技場の外においてだった。アトランタ市長が委員長を務めるアトランタ経済開発委員会は、市内の路上スペースを、おびただしい数の露天商に売りに出したのである。この結果、市内の繁華街、および競技場周辺や地下鉄の駅などに仮設の露店があふれた。場合によっては、電車内でも大会公認のＴシャツや関連グッズを売って回る露天商が横行した。

これが交通渋滞を生み出し、選手や役員を運ぶバスの運行を遅らせ、大会の運営に支障をきたす原因になった。「ウォールストリート・ジャーナル」は、こうした大会運営を批判して「ＩＯＣは企業による通常の便乗商法に対する防止策は用意していたが、開催都市の便乗商法には備えていなかった」と書いたほどだった。

アトランタ大会組織委員会は、過去に例がなかったほど、なりふり構わないスポンサー集めを展開した。ライセンス商品の中には、大会公認のトイレシートカバーまであった。実現はしなかったが、ＩＯＣに対して組織委員会が行った説明には、大会公認の生理用品もあったという。組織委員会がライセンス商品の販売を公認した企業は約一五〇に及んだ。

だが、組織委員会がスポンサー獲得に躍起になった背景には、八四年ロサンゼルス大会と同様に「税金を使わずにオリンピックを行う」と約束していたことがあった。ロサンゼルス大会でそれが可能だったのは、既存の施設を活用して大規模スタジアムを新たに建設しなかったからだが、アトランタはそうではなかった。会場の建設に四億九四二三万九〇〇〇ドル（五七三億三二〇〇万円）もかかっていて、その中には現在、アトランタ・ブレーブスの本拠地になっているターナー・フィールド（陸上競技場を大会終了後に改修して野球場にした）も含まれていた。大リーグの本拠地球場になるのであれば、通常は、建設に地元自治体の税金が投入される。だがアトランタ大会では、すべて組織委員会の負担になった。

こうしたインフラ整備を含めると、税金投入なしでオリンピックを開催するには、国内企業のスポンサーを、なりふり構わず集める以外になかったのである。

その裏には政治的な事情もあった。アトランタが開催都市に決まったのは九〇年だったが、九三年の市長選挙で現職のメイナード・ジャクソンが落選してしまい、ビル・キャンベルが就任したのである。新市長のキャンベルは、オリンピックから自治体が収入を得ることには熱心だったが、組織委員会と財政負担を分け合うつもりはまったくなかった。

結局、アトランタ大会の総支出は一七億二一〇一万八〇〇〇ドル（一九九六億三八〇〇万円）に達した。八四年ロサンゼルス大会は五億三一五五万四〇〇〇ドルだったから、三倍超である。会場建設が組織委員会の負担になれば、このような財政規模にならざるを得ない。

アトランタ大会がオリンピックの格式を欠いたことは、地元メディアの報道でも、様々に指摘された。しかし、露天商があふれた市内の混乱は、企業の責任ではなくアトランタ市の考え方の問題だった。市長が選挙で代わったことも大きく影響していたが、そもそもアトランタを開催都市に選んだのはＩＯＣ委員だったから、この混乱はＩＯＣが自ら招いたものと言ってよかった。

アトランタ大会によってＩＯＣは、「開催都市が決定したあと、実際に大会が行われるまでの間に首長が代わってしまうと、新首長がオリンピックにまるで協力しない可能性がある」ことを学んだ。このあと、開催都市が市内をどのようにデザインするか、組織委員会がどのような国内企業とスポンサー契約を結ぶか、ＩＯＣは、より強く影響力を行使するようになっていったのである。

テレビ向けのルール改正

もう一つ、商業主義の弊害として取り上げられる事柄として、テレビ放映に迎合したルール改正というものがある。オリンピックにおける商業主義というより、スポーツ界におけるる商業主義という問題だが、これについて少し考えておきたい。

ルール改正によって、スポーツの質や価値を失ったことはあったのか。実例として挙げることができるのは、二〇〇八年北京大会で野球に導入された「タイブレーク」だろう。

野球は、二〇一二年ロンドン大会ではオリンピック競技から外れることが決まっていた。二〇一六年大会での復帰を目指していた国際野球連盟は、延長戦になった場合に試合時間を短縮する方法として、北京大会でタイブレークを導入した。オリンピック競技として復帰するには、テレビ中継向きにルールを変える必要があると考えたのである。このとき国際野球連盟の会長だったハービー・シラーは米国人で、CNNなどを運営する放送局「ターナー・ブロードキャスティング・システム」のスポーツ放送担当副社長を務めた経験があった。テレビ中継のための試合時間短縮を考えたとしても、驚くにはあたらないだろう。

北京大会で採用されたのは「延長一一回になったら両チームとも無死一、二塁から始める」という形式だった。日本の都市対抗野球では〇三年からタイブレークを導入しているが、これは一日最大四試合を行うため、延長戦が長引くと最後の試合が深夜に及ぶ可能性があるからだ。オリンピックは八カ国しか出場しないので、一会場で最大二試合。日程には余裕がある。それでもタイブレークを導入したのは、テレビ中継向きのルールにしたことをPRする以外に、理由はなかったと言っていいだろう。

野球におけるタイブレークは「チャンスを作る」という過程を省略している。チャンスを作って広げる能力は問われないまま、決勝打を打つ能力だけで勝敗を決めてしまう。つまり、チームの総合力による勝負ではない。ということは、野球の本質の一部が失われていると言わざるを得ない。都市対抗野球のように、タイブレークを採用することで選手にメリット（深夜の試合を避けることができる）がある場合はいいが、オリンピックの日程であれば延長一一回より長い延長戦は可能なのだから、野球の本質を犠牲にして得られるメリットは、テレビ中継に都合がよいことを除けば、ほとんど何もない。

野球やテニスがオリンピックに固執する理由

なぜ国際野球連盟は、このようなルール変更をしてまで、オリンピック競技への復帰を望むのだろうか。日本の野球界を見ても分かることだが、北京大会に出場した選手たちから、野球がオリンピック競技から外れることに、強く反対する声は聞かれなかった。野球にはワールド・ベースボール・クラシック（WBC）という舞台もある。米大リーグの選手が出場しないオリンピックに「どうしても出たい」というプロ野球選手は、実際のところ、あまりいないと言っていいだろう。オリンピックの野球がアマチュア選手の大会なのであれば（アトランタ大会まではそうだった）、大学生や社会人の大きな目標としてオリンピック競技への復帰を望むのも分かるが、シドニー大会以降は、そうではなくなっていたのである。

それでも国際野球連盟が復帰を望む理由としては、オリンピック競技に復帰すると、資金面において利点が二つ増えることが大きいはずだ。

一つは、オリンピック競技になると、それぞれの国の国内オリンピック委員会、日本で言えばＪＯＣの傘下に入ることになり、そこから強化費が回ってくることである。

もう一つは、オリンピック競技の国際競技連盟に、オリンピックのテレビ放映権料が分配されることである。分配の比率は大会ごとに異なっているが、北京大会では、合計二億九五〇〇万ドル（三三九億二五〇〇万円）が分配されている。これが、全競技に均等に配分されるのではなく、全二八競技がＩＯＣによって五段階に分類されている（五段階になったのはシドニーから。アトランタでは四段階。それ以前は均等に配分されていた）。最高のランク一は陸上競技だけ。ランク二が水泳、サッカー、バスケットボール、バレーボール、テニス、体操、自転車。ランク三がハンドボール、ホッケー、ボート、馬術。野球はランク四で、柔道、レスリング、卓球、バドミントン、重量挙げなどと同じだ。ランク五はシドニー大会から採用された新競技、トライアスロンとテコンドーだった。五段階分類ができたシドニー大会では、ランク四の野球に四一七万ドル（四億八〇〇〇万円）が配分されている。ランク一の陸上競技には一七六七万ドル（二〇億三二〇〇万円）。ランク一を一〇〇％とすると、ランク二はその約半分、ランク三は約三分の一、ランク四は約四分の一、ランク五は約五分の一という配分になっている。

国内オリンピック委員会からの強化費と、国際競技連盟を通じたオリンピック放映権料の分配金。野球のように、オリンピックが最高の舞台ではない競技でも復帰に熱心になる背景にはこれがある。

この事情はテニスも同様だ。世界中のテニス選手にとって、最高の舞台はオリンピックではない。全豪オープン、全仏オープン、全英オープン（ウィンブルドン）、全米オープンの四大トーナメントである。中でも、最も古い歴史を持つ全英オープンで優勝することがテニス選手にとって最高の栄誉だという考え方が、選手にも広く受け入れられている。それでも、テニスがオリンピック競技であることのメリットはあるわけだ。

一九七〇年代にＩＯＣ会長を務めたロード・キラニンも、自伝の中で「ＩＦ（国際競技連盟＝筆者注）がオリンピックに残っているほうがいいと思っているいちばん大きな理由は、テレビとその放映契約が生み出すテレビマネーの魅力であることはよくわかっているつもりだ」と書いている。

バレーボールのラリーポイント制

テレビ中継向きのルール改正が、近年、多くのスポーツで行われたことは事実である。オリンピックのテレビ放映権料の分配が五段階にランク付けされたことは、こうしたルール改正に対する、さらなるインセンティブになったと考えられる。

だが、そういったルール改正のすべてが、野球におけるタイブレーク導入のように、そのスポーツの本質を損なうものであるかというと、それはまた判断の難しい問題になる。

テレビ向きのルール改正で最も有名なのはバレーボールだろう。バレーボールでは一九九九年一月から、従来のサーブ権ポイント制（得点できるのはサーブ権を持っているチームだけ）を廃止して、すべてのポイントが得点となる現在のラリーポイント制を採用した。サーブ権ポイント制では、サイドアウトを繰り返していると、どちらのチームにも得点が入らないため試合時間が長くなる。ラリーポイント制なら試合時間の目安がつく。この改正を行った当時の国際バレーボール連盟会長、メキシコ人のルーベン・アコスタは、改正理由の一つとして「試合時間を短縮してテレビ中継の機会を多くする」と、テレビ界の要望に応えるものであることを明確に打ち出していた。

これを「テレビへの迎合」として批判する意見もある。だが問題は、ラリーポイント制の実施によって、バレーボールの本質が失われたかどうかだ。

一九六四年東京大会を契機に六人制が普及する以前、日本では九人制が中心だった。九人制は当時からラリーポイント制で行われている。では、六人制はなぜサーブ権ポイント制になったのか。これは「サーブをした上で取ったポイントにこそ価値がある」という前提に立ったルールだ。つまり、サーブをする側の方がポイントを取ることが難しいからこそ成り立っていたルールである。サーブレシーブの側は、サーブレシーブから最初のスパイクを打つことができるので有利な立場にある。だからサーブレシーブ側のポイントは得点とは認められず、サーブ権を得るだけのサイドアウトにする――という考え方だったはずだ。

しかし、一九八〇年代に普及したスパイクサーブ（ジャンピングサーブ）によって「サーブレシーブ側が最初のスパイクを打つことができるので有利」という前提は崩れ始めた。ネットの高さは変わらない一方でトップ選手の体格と技術は向上し、最初のリーブから攻撃をするというのが、男子はもちろん、女子においても当たり前になっていった。そのような流れを受け、九四年には、サーブを打てるエリアが、エンドラインの右端三mからエンドライン九mの幅全体に拡大され、ますます、多彩なサーブを狙ったところへ打つことができるようになった。したがって、サーブレシーブからの最初のスパイクでポイントを挙げることが、以前よりずっと難しくなってきたのである。

こうしたバレーボールの変化を考えると、九人制と同じラリーポイント制に切り替えたことは、それほど牽強付会《けんきょうふかい》というわけではない。テレビ向きのルール改正であったことは事実だが、バレーボールの本質を失ったとまでは言えないだろう。

陸上のフライングルール

もう一つ、テレビ向きのルール改正としてしばしば指摘されるのが、陸上競技におけるフライングのルール改正だ。

二〇〇二年まで、陸上競技のトラック種目では、選手一人につき一回ずつのフライングが許されていたが、〇三年から「一レースにつき一回まで」に変わった。二回目のフライングは誰がやっても失格、というルールだ。さらに、二〇一〇年から「フライング一回で失格」という現在のルールに変わった。フライングの回数を減らして進行を早める、テレビ向きのルール改正である。

しかし、このルール改正には別の側面もあった。以前のように一回はフライングができると、ほかの選手の集中力を乱すため、わざとフライングをする選手が出てくる。一回目にフライングをすると決めていれば、その選手は、前もって二回目のスタートに向けて集中力を高めていける。一方、ほかの選手は、二回目に集中することが難しくなる。そのような策略を行う余地をなくすためには、現在のルールのほうが適切ということになる。

また、これがテレビ向きの改正であるにもかかわらず、逆にテレビ局に打撃を与える可能性もあることが二〇一一年の世界陸上選手権で明らかになった。男子一〇〇m決勝で、世界記録保持者のウサイン・ボルトがフライングで失格したのである。テレビ局は、大会最大の注目選手をあっけなく失った。現在のルールが「テレビ向きの改正」として意味を持つのは、ボルトのような注目選手がフライングを犯さない場合に限られるのである。

現在のルールに問題があるとすれば、フライングを判定する機械が誤作動を起こした場合だ。二〇一一年七月のアジア陸上選手権男子一〇〇m決勝で、日本の江里口匡史《えりぐちまさし》がフライング判定で失格になり、身に覚えのない本人は失意のうちに退場した。しかし、審判団が機械によって判定されたスタート反応時間を確認したところ、八人の選手のうち四人がフライングとなっていた。これは肉眼の判定と明らかに違っていたため、審判団は機械の誤作動と判断、江里口は一〇分後に呼び戻されて決勝レースを走っている。だが、失格の判定を受けたのが江里口だけだったため、彼が精神的に不利な状況でレースをしたことは間違いなかった。「フライング一回で失格」ルールを採用するのであれば、フライング判定を行う機械の誤作動をどう判断するのか、誤作動と分かったときにどう対応するのか、その手順を明確に決めておく必要がある。

　こう見てくると、様々な競技で「テレビ向きのルール改正」が行われていることはまぎれもない事実だ。ただし、それらがすべて商業主義による弊害と言えるかどうかは、一概には決められない。簡単には結論が出ないケースも多いのである。

第三章　五輪マネーは、どのように分配されるのか

「全世界的スポンサー」TOPの誕生

テレビ放映権料のほかに、オリンピックを支えているもう一つの「企業の金」は、スポンサー企業による協賛金である。

スポンサー企業は、大きく二種類に分けることができる。世界的な企業による最高位のスポンサー「TOP（The Olympic Partner）」と、大会ごとに組織委員会が開催国の企業と契約するスポンサーだ。ここでは、テレビ放映権料に次ぐ収入源となっているTOPの歴史と現状について見ておきたい。

このスポンサー制度の第一回「TOPI」は、一九八八年カルガリー冬季大会、ソウル大会に向けた四年間、つまり八五年から八八年の間、「オリンピック公式スポンサー」を名乗って五輪マークを使った広告宣伝活動を全世界的に行う権利、およびオリンピック本大会のチケットが配分される権利を売るというものだった。

TOPIに参加したのは九社。米国からコカ・コーラ（ノンアルコール飲料部門）、コダック（フィルム部門）、フェデラル・エクスプレス（現フェデックス。運送部門）、VISA

（クレジットカード部門）、タイム／スポーツ・イラストレイテッド（出版部門）、3M（事務用品部門）の六社。日本からパナソニック（テレビ、オーディオ製品部門）とブラザー（タイプライター部門）。そしてオランダのフィリップス（照明部門）だった。契約内容は発表されていないが、一社ごとに条件は異なるという。

ドイツの大学教授、ホルガー・プレウスの著書『The Economics of Staging the Olympics』によると、このときの九社合計の協賛金は一億一九一七万ドル。八八年の平均レートで計算すると、約一五〇億一五〇〇万円になる。一社平均で約一六億六八〇〇万円である。

一九八四年ロサンゼルス大会でもスポンサー企業から巨額の協賛金を得て黒字を計上していたが、ロサンゼルス大会のスポンサー企業が持っていたのは、全世界的な広告宣伝の権利ではなく、主に開催国の米国における権利だった。ロサンゼルス大会の公式スポンサーになったからといって、例えば欧州で「オリンピック公式スポンサー」を名乗って広告宣伝をすることはできなかった。なぜなら、欧州における五輪マークの使用権は、欧州各国のオリンピック委員会が保持していたからだ。ドイツで「オリンピック公式スポンサー」を名乗るには、ドイツオリンピック委員会の認可が必要だった。

この状況は、オリンピック公式スポンサーの価値を十分に引き出しているとは言えなかった。オリンピックは世界中の人が見るのだから、世界中で同じように広告宣伝ができる方が、企業にとっては望ましい。

五輪マークを使用してオリンピック公式スポンサーを名乗る権利を一つにまとめて、契約した企業は全世界で同じように権利を使えるようにする——。これがＴＯＰの考え方だった。そのためには、ＩＯＣが世界各国のオリンピック委員会と交渉して、五輪マーク使用権を買い取ったり、権利を手放すことによる経済的な保証を行う必要があった。

それをやるべきだとＩＯＣを説得したのは、アディダスの二代目経営者ホルスト・ダスラーだった。ダスラーは、八五年三月、スイスのローザンヌで、ＩＯＣ会長のサマランチとＴＯＰに関する契約を交わした。

協賛金は二〇年前の七倍に

各国オリンピック委員会との交渉と、企業への権利の販売を受け持ったのは、アディダスと日本の電通が共同で設立したスポーツマーケティング会社「ISL（International Sports Culture & Leisure Marketing A.G.）」だった。ISLは一九八二年、W杯を中心にサッカー界の広告を販売するために、スイスのルツェルンに設立されていた。

各国オリンピック委員会との交渉には時間がかかった。交渉が最も長引いたのは米国オリンピック委員会で、そこには、まだ冷戦下にあった当時の政治的な事情が反映されていた。米国企業が参加するに違いないTOPのスポンサー協賛金がIOCの管理下になるなら、それは共産圏諸国のオリンピック委員会にも分配され、共産圏の選手強化に使われることになる。米国のスポーツ指導者にとって、それは受け入れがたいことだった。

しかし結局、米国オリンピック委員会も同意して、当時、一六七あったオリンピック委員会のうち、一五四の委員会が、五輪マークの使用権をIOCに任せることになった。

TOPのような「長期間の一括契約、一業種一社」というスポンサー制度は、すでにサッカー界で確立されていた。八二年のサッカーW杯スペイン大会、欧州選手権、そして欧州チャンピオンズカップ（現UEFAチャンピオンズリーグ）、カップ・ウィナーズ・カップをすべてセットにして、これらの試合で広告宣伝を行う権利が販売されていた。

しかし、こうしたサッカーの大会における広告宣伝と、オリンピックの広告宣伝には決定的に異なる点がある。サッカーの大会に限ったことではないが、通常、スポーツの国際大会で企業が広告宣伝をする場合は、試合会場に企業名の広告板を設置したり、選手のゼッケンに企業名を入れたりして、観客やテレビの視聴者にPRする。だが、オリンピックではそれはできない。会場内で広告表示ができないオリンピックに大金を投じて、どういうメリットがあるのか。

TOPに参加した企業ができるのは、世界中のテレビ、新聞、雑誌、街頭での広告等において、五輪マークを使って「オリンピック公式スポンサー」を名乗ること、オリンピック本大会でホテルと観戦チケットが優先的に配分されること、そして、オリンピックの会場内で店舗の設置・展示の機会があること。大きく分ければ、この三つだけだ。

しかし、TOPに参加する企業はあった。オリンピック公式スポンサーを名乗ることによって世界的にブランドイメージを向上させ、実際に売り上げを伸ばしたり、マーケット・シェアの低かった地域でシェアを拡大したりすることがあった。その結果、TOPに参加する企業の協賛金も、その後、大会を追うごとに上がっていった。

ＩＯＣの発表によると、二〇〇五年から〇八年のＴＯＰⅥ（トリノ冬季大会、北京大会）は、参加企業一一社、協賛金の総額は八億六六〇〇万ドル（八六六億円）だった。ＴＯＰＩの約七・三倍である。ＴＯＰＩから継続して契約しているのはコカ・コーラ、ＶＩＳＡ、コダック、パナソニックの四社だけで、その後、フランスのアトス・オリジン（情報技術部門）、韓国のサムスン（無線機器部門）などが加わっている。一一社の内訳を見ると米国が七社、日本のパナソニック、フランスのアトス・オリジン、韓国のサムスン、スイスのスウォッチ（計測表示部門）となっている。

ＩＯＣにマーケティング専門家を招聘

ＴＯＰＩのあと、ＩＯＣには大きな変化があった。

一九八八年ソウル大会が終わったあと、ＩＯＣの新財源委員会委員長だったリチャード・パウンドが、ＩＳＬにすべてを任せるのではなく、ＩＯＣ主導でＴＯＰを運営していくために、ＩＯＣ内部の体制を作り直した。ＩＳＬで二〇代ながら実務の中心的存在だったマイケル・ペインを引き抜いて、ＩＯＣのマーケティング局長に任命したのである。これが、オリンピックで「企業の金」を集める際、ＩＯＣが主導権を発揮していくようになる最初のきっかけだった。言い換えるなら、「ＩＯＣはただのスポーツ興行団体になり下がった」といった批判を浴びることになる、そのきっかけだったと言っていいかもしれない。

マイケル・ペインはロンドン生まれの英国人で、スポーツマーケティング会社のウエスト・ナリー社からＩＳＬに移り、オリンピック・プロジェクトの責任者としてＴＯＰにかかわっていた。

ＩＯＣでは、一九八四年ロサンゼルス大会の財政的な成功によって、開催都市の税金に頼ることなく確実にオリンピックを開催していくには、「企業の金」を集める必要があるという考え方に傾いていた。しかし、具体的に誰とどのように交渉すればいいのか、経験を積んでいる人材はＩＯＣの内部にいなかった。ＩＯＣのマーケティング部門を八八年から二〇〇五年まで担当していたのはパウンドだが、彼にも、マーケティングの業界で働いた経験はなかった。パウンドはカナダ代表の水泳選手としてオリンピックに出場したことがあり、一九六〇年ローマ大会男子一〇〇m自由形で六位になっている。公認会計士の資格も持っているが、本業は税制を専門とする弁護士だった。

ＴＯＰのような世界的な広がりを持つビジネスをＩＯＣが主導するには、専任のマーケティング専門家を置く必要がある。そう判断したパウンドは、ＴＯＰを提案してきたＩＳＬの中から人材を取り込むことで、それに対応したのだった。

全世界の取り分の半分は米国へ

協賛金の配分比率は少しずつ変わってきているようだが、ＩＯＣが発表している二〇〇五年から〇八年のＴＯＰⅥの配分は、次のようになっている。

1　オリンピック大会の組織委員会に五〇％。つまり二〇〇六年冬季トリノ大会と〇八年北京大会に五〇％。
2　世界各国のオリンピック委員会に四〇％。
3　ＩＯＣに一〇％。

ＴＯＰⅥの総額八億六六〇〇万ドル（八六六億円）から計算すると、二つの大会の組織委員会に四億三三〇〇万ドル（四三三億円）、各国のオリンピック委員会に三億四六四〇万ドル（三四六億四〇〇〇万円）、そしてＩＯＣに八六六〇万ドル（八六億六〇〇〇万円）ということになる。

大会組織委員会への四億三三〇〇万ドルが、冬季トリノ大会と北京大会でどのように分配されているのかは発表されていないが、いくつかの文献によると、夏季大会と冬季大会は、ほぼ二対一の割合とある。この割合でいくと、北京大会に約二億九〇〇〇万ドル、冬季トリノ大会には約一億四三〇〇万ドルということになる。

世界各国のオリンピック委員会への配分は、三億四六四〇万ドルを、当時ＩＯＣに加盟していた二〇五の国と地域で平等に分け合ったかというと、そうではない。米国オリンピック委員会が、そのうちの五割、一億七三二〇万ドル（一七三億二〇〇〇万円）を受け取っていることを、ＩＯＣ会長のジャック・ロゲが〇九年一〇月に公表している。残りの一億七三二〇万ドルを米国以外の二〇四の国と地域で分け合っているわけで、米国だけが飛び抜けて取り分が多い。

なぜ、このような配分になっているのか。これはサマランチ時代の一九九〇年代後半に交わされた契約に基づいている。九三年から九六年のTOPⅢは、契約した一〇社のうち九社までが米国の企業で、米国以外は日本のパナソニックだけだった。したがって、米国オリンピック委員会が厚遇されることになったのである。

しかし、二〇〇五年から〇八年のTOPⅥでは米国七社、欧州二社、アジア二社だから、九〇年代とは状況が変わってきている。さらに、二〇一〇年冬季バンクーバー大会と一二年ロンドン大会に向けたTOPⅦでは、米国企業は六社に減っている。あとは日本のパナソニック、フランスのアトス・オリジン、韓国のサムスン、スイスのオメガ（計測表示部門）、そして台湾のエイサー（コンピューター機器部門）。米国六社、欧州二社、アジア三社となっている。こうなると、米国企業の独占状態とは言えない。

しかし、このTOPⅧまでは米国オリンピック委員会が厚遇される契約が続くことになっていて、配分の見直しは二〇一三年以降になる見通しだ。一六年大会の招致にあたって、シカゴが有力視されていながら第一回の投票で落選した背景には、「配分問題に対する反発があった」と指摘する声もＩＯＣ委員から出ている。

四年間で（一ドル一〇〇円なら）一七三億円を超える配分を受ける米国オリンピック委員会は、他国とは比較にならない潤沢な強化資金を得ていることになる。

IOCとはどのような団体なのか

そして、IOCに分配される一〇%、八六六〇万ドル（八六億六〇〇〇万円）という大金は、いったい何に使われるのか。IOC委員の数は、オリンピック憲章によって、最多でも一一五人と決められている。基本的に無給の仕事である。なぜ、これほどIOCに分配金が必要なのか。

結論から言えば、IOCの財務は一般に公開されていないため、何にいくら使ったのか、詳細は分からない。ただ、二〇五の国と地域で活動している世界的な団体の運営に、多額の経費が必要なことは間違いない。その実情を見ていく前に、IOCの基本的な構造を見ておこう。

一九九三年から二〇〇八年まで、TOPスポンサーだった米国の保険会社「ジョン・ハンコック」の最高経営責任者デイヴィッド・F・ダレッサンドロ（当時）は、著書『ブランド戦国時代』の中で、ＩＯＣについて次のように書いている。

「どの政府に対しても報告義務はないのだ。きわめて秘密主義が強く、会議からマスコミを締め出し、年次報告書の公表さえしない。（略）そんなわずかな説明責任しかない組織が、ある程度の収賄を隠していたからといって驚くには当たらない」

これは、二〇〇二年冬季ソルトレークシティ大会の招致スキャンダルに関して言及した一文だが、ＩＯＣの一面を簡潔に表現している。このときのスキャンダルとは、ＩＯＣ委員の中に、娘の米国留学の学費を、招致委員会に払ってもらっていた人物がいたことだった。

ＩＯＣは、国際的な非政府非営利団体である。もともとはクーベルタンをはじめ、貴族出身の人々が中心となって作り上げた特権的クラブだった。以前は、いかなる団体や個人からも影響されずＩＯＣのために意思決定ができなければならないという理由で、経済的に独立している人物が選ばれていた。第六代会長ロード・キラニンの自伝によると、彼がＩＯＣ委員に選ばれた一九五二年当時、ＩＯＣ委員には国家元首が一人（リヒテンシュタインのヨゼフ・フランツ一世）、王子が三人、大公が一人、爵位を持つ者がキラニン自身を含めて八人、ナイトの称号を持つ者が三人いたという。IOC委員は会費を払い、活動にかかる経費は自分で負担していた。すでに書いたように、クーベルタンはIOC総会の祝典やパーティーなどの経費をすべて負担していたため、晩年には相続した財産を使い果たして破産している。オリンピック運動の推進に共感した者が、自費で活動に参加していたのがIOCだったのである。

長い間、新しいIOC委員を選ぶ実質的な権限は、会長と理事会が握っていた。会長、副会長、理事の合計一一人で、事実上、誰を委員にするか決めていたわけだ。しかし、ソルトレークシティ大会の招致スキャンダルをきっかけに、委員の内訳や選出方法が変わった。理事会は会長と副会長四人、理事一〇人の合計一五人に増えた。理事会が新しい委員の候補をIOC総会に提案して、総会で投票が行われ、過半数を得た候補者が新しい委員になる。以前よりは民主的な形になった。

IOC委員の内訳としては、各国オリンピック委員会の役員、国際競技連盟の役員、および選手の中から、それぞれ一五人以内と決められている。また、現在でも王室の人々が数多く選ばれている。イギリスのアン王女、デンマークのフレデリク王太子、リヒテンシユタインのノラ王女、ルクセンブルクのアンリ大公、モナコ大公のアルベール二世、そしてヨルダン国王のアブドゥッラー二世もＩＯＣ委員だ。オリンピックで活躍した選手としては、一九六八年冬季グルノーブル大会スキー・アルペン三冠のジャン・クロード・キリー（フランス）は九五年から、棒高跳びの世界記録保持者セルゲイ・ブブカ（ウクライナ）は二〇〇八年からＩＯＣ委員を務めている。

ＩＯＣの本部は、スイスのローザンヌに置かれている。ここが本部になったのは、第一次世界大戦中の一九一五年四月のことだった。それまで、本部はオリンピックを開催する国に置かれ、各国を巡回することになっていた。しかし第一次世界大戦が始まると、クーベルタンは中立国のスイスに本部を置くことにしたのである。以来、ＩＯＣはここを本拠地として発展してきた。

しかし、国際連合のような、国際条約に基づいて世界各国から代表団が参加する国際組織にはならず、私的なクラブとしての性格を持ち続けた。これには利点があったことも事実だ。この点について、キラニンは次のように書いている。

「ＩＯＣがごう慢な古い貴族の集団という批判があるにしても、私はクーベルタン男爵が

（略）国連やユネスコのような『民主的機関』に運営をまかせないで、選ばれた管理者の手に委ねたことは、たいへん先見の明があったと思っている。（略）仮にIOCが国連のような機関で運営されていたら、おそらく一九八〇年のモスクワ・オリンピックはほとんど一〇〇％開催できなかった可能性があった」（『オリンピック激動の歳月』）

IOCが法的に法人格を得たのも最近になってからのことで、二〇〇〇年一一月一日、スイスの国会にあたる連邦評議会から法人格を認められ、税制上の優遇措置を受けるようになった。どのような政治的圧力からも自由でいることが前提だったIOCとしては、これも大きな変革だったと言える。

IOCの「必要経費」とは？

このIOCの運営に、どのような経費が必要なのか。もちろん、IOC本部には事務局があって、そこには常勤の職員がいる。何人の職員がいるのかも公開されていないが、事務局の中には各国オリンピック委員会との連絡を受け持つ部門、放送・マーケティング部門、広報部門、財務部門、そして発展途上国のオリンピックスポーツを支援するオリンピック・ソリダリティー部門など、全部で一〇の部門がある。まず、この事務局の人件費と経費が必要になる（ＩＯＣとしての発展途上国支援であるオリンピック・ソリダリティーについては、テレビ放映権料からの分配金が充当されているという）。

だが、ＩＯＣの運営にかかる経費が、事務局の運営費だけでないことは確かだ。まず、ファン・アントニオ・サマランチが会長に就任した一九八〇年以降、ＩＯＣ委員の活動経費は、自己負担ではなくＩＯＣが支払うようになった。これは、ＩＯＣ委員の人数が増えて世界各国に広がるにつれ、会議のために集まるだけでも、経済的な負担の大きい委員が出てきたという事情もあったに違いない。

ＩＯＣ委員は、一八九四年に設立されたときは一五人だけだったが、その後、オリンピックへの参加国が増えるにつれて増え続け、設立から二〇年後には四七人になっていた。それでもこの当時はまだ、委員のほとんどが欧州の出身で、ＩＯＣ総会も欧州だけで行われ、欧州以外の委員はごく少数派だった。しかし一九八〇年には、ＩＯＣ委員は八〇人を超え、委員の居住地も世界の五大陸に広がった。こうなると、会議に出席するだけでも、遠隔地に住む委員の負担が大きくなる。サマランチの前任者だったキラニンも、委員の経費負担については「前向きのステップ」として評価している。

ただ、その経費の使い方が、一般的な常識から見れば、かなり豪勢であることは確かだ。現在では、会議でローザンヌに行く場合、飛行機はファーストクラス。ホテルの宿泊費、飲食費もIOCが負担して、一日あたり一五〇スイス・フラン（一万三五〇〇円）の日当も出るという。

八〇年八月にサマランチが会長に就任して、それまでの会長よりも多額の経費を使い始めたことも事実だ。サマランチより前の会長、アイルランド人のキラニンや、米国人のブランデージは、IOC本部には必要のあるときだけ訪問していたが、サマランチは、八〇年一〇月から二〇〇一年七月までの在任期間を通して、夫人とともにIOC本部に近い「ローザンヌ・パレスホテル」に滞在していた。二一年間にわたって、ホテルに居を構えていたのである。サマランチはスペイン人で、大手貯蓄銀行「ラ・カイシャ」の役員だったから、スペインから必要なときだけローザンヌを訪問する形も取れたように思われるが、そういう形は取らなかった。IOCはこの宿泊費について、一九九七年と九八年に関して公表しているが、滞在はスイートルームで、年間約二〇万ドル。九八年の平均レート一一五円で計算すると、約二三〇〇万円である。

こうした経費の使い方は、IOCの特権的クラブのイメージと相まって、批判の対象になってきた。サマランチの後を継いだベルギー人のジャック・ロゲは、会長になって最初のオリンピックだったソルトレークシティ大会で、歴代会長のような高級ホテルではなく選手村に滞在するなど、新しい会長像を見せようとしている。

IOCは分配金を何に使っているのか

IOCの財源はTOPの分配金だけではなく、テレビ放映権料の分配金もある。テレビ放映権料の分配は、IOCと大会組織委員会による、絶え間ない交渉の連続だったと言える。一九八四年ロサンゼルス大会まで、放映権料の交渉を主導してきたのは大会組織委員会だった。ロサンゼルス大会で言えば、組織委員長のピーター・ユベロスがテレビ局と交渉して、決まった金額の中からIOCが分配を受けた。ユベロスの自伝によれば、米国ABCとの契約二億二五〇〇万ドル（五六七億円）の中から、三三〇〇万ドル（八三億一六〇〇万円）をIOCに支払ったという。組織委員会が八五%で、IOCが一五%という分配だったわけだ。

その後、テレビ放映権交渉の主導権は、大会組織委員会からＩＯＣへと移っていく。そして放映権料が巨額になるにつれ、その分配は、組織委員会と、ＩＯＣ、各国オリンピック委員会、国際競技連盟という「オリンピック・ファミリー」との綱引きになっていった。一九九二年バルセロナ大会のときは組織委員会が七〇％、オリンピック・ファミリーが三〇％という配分だった。九六年アトランタ大会と二〇〇〇年シドニー大会では、組織委員会が六〇％、オリンピック・ファミリーが四〇％。そして二〇〇四年アテネ大会から、組織委員会が四九％、オリンピック・ファミリーが五一％と、組織委員会のパーセンテージの方が少なくなっている。

二〇〇八年北京大会は、ＩＯＣの発表によると、テレビ放映権料が一七億三九〇〇万ドル（一七三九億円）で、組織委員会に八億五一〇〇万ドル（八五一億円）が配分され、大会の運営に使われている。残り八億八八〇〇万ドル（八八八億円）がＩＯＣ、各国オリンピック委員会、国際競技連盟の収入となった。三者の内訳としては、夏季大会の国際競技連盟に二億九五〇〇万ドル（二九五億円）という数字だけが明確になっている。残りの五億九三〇〇万ドル（五九三億円）を、ＩＯＣと各国オリンピック委員会で分け合っていることになる。

実はここでも、ＴＯＰと同様に、米国オリンピック委員会が優遇されている。ＩＯＣ会長のロゲが明らかにしたもので、米国オリンピック委員会には、米国ＮＢＣの放映権料の一二・七五％が配分されている。実際の金額で当てはめてみると、約一億一三六〇万ドル（一一三億六〇〇〇万円）になる。残った約四億七九四〇万ドル（四七九億四〇〇〇万円）を、二〇四の国と地域のオリンピック委員会とＩＯＣで分けているという計算になる。

ＩＯＣに分配された金額は発表されていないが、この放映権料から得た分配金で、ＩＯＣは、「オリンピック・ソリダリティー」というスポーツにおける発展途上国支援事業を行っている。ＩＯＣの発表によると、二〇〇六年冬季トリノ大会と〇八年北京大会の放映権料から、合計で二億三三六〇万ドル（二三三億六〇〇〇万円）が割り当てられたという。夏季大会と冬季大会の放映権料の比率はほぼ二対一だから、北京大会の放映権料からは一億五八一〇万ドル（一五八億一〇〇〇万円）程度がこの事業に充てられたと推定される。

「オリンピック・ソリダリティー」は一九九一年にオリンピック憲章で正式に定められた

もので、最もよく知られているのは、オリンピックに参加するための渡航費、滞在費の負担だろう。この制度によって、途上国は一カ国あたり選手六人、役員二人までは、競技実績に関係なくオリンピックに参加できる。IOCは、加盟している二〇五の国と地域をGDPで四段階に分け、三番目と四番目のカテゴリーに入った国を支援の対象にしている。これによって、加盟している国と地域すべてのオリンピック参加が可能になった。

もちろん、これにも賛否両論がある。強豪国には、世界のトップを争う実力があっても国内選考会で失敗して出場できない選手がいる一方で、貧しい国の選手であれば、一カ国六人まで無条件で出場できるからだ。

オリンピック憲章では、そもそも「世界中の競技者を一堂に集めること」を目的に掲げているので、こうした不公平が生じることはオリンピックの根本原則には反していない。ただ、北京大会では、参加選手の数が一万一〇〇〇人近くになっていた。オリンピック憲章では「IOC理事会の許可がない限り参加選手は一万五〇〇〇人以内」と決められており、現状はこれをすでに超過している。大会の過剰な巨大化を避けるための歯止めが歯止めになっていない現状を考えると、参加標準記録を突破していない選手の参加は、あくまでオリンピック憲章に定められた選手総数の範囲内で行われるべき、との意見もあってしかるべきだろう。

ＩＯＣは、このオリンピック・ソリダリティーによって選手やコーチへの奨学金支給、スポーツ施設の建設、スポーツ大会の開催支援なども行っている。だが、こうした途上国支援が汚職の温床になりやすいことも事実で、資金が有効に使われたかどうか、しっかり確認することも課題になってくる。

おわりに——オリンピックは誰のためにあるのか

本書で見てきたように、オリンピックの商業化は、一九八四年ロサンゼルス大会を前に、税金の投入を禁じるロサンゼルス市憲章修正条項が可決され、税金を使わずにオリンピックを運営せざるをえなくなったことが、いちばん大きなきっかけだった。

ロサンゼルス大会の組織委員会委員長だったピーター・ユベロスのやり方が、その後、オリンピック運営の標準になっていったということが、様々な報道や文献で書かれている。だが、そのほとんどは、いかにして「企業の金」を集めたかという収入の面に焦点を当てていて、いかにして支出を抑えたかという点については、あまり詳しく書かれていない。繰り返しになるが、ロサンゼルス大会が黒字になったのは、収入を増やしたからではなく、支出を減らしたからである。ユベロスのやり方が、収入の面だけでなく、支出の面でもその後の開催に受け継がれていれば、オリンピックの過剰な巨大化という問題にも、ある程度の歯止めがかかったかもしれない。

現在のオリンピックにおける「商業化の弊害」とは、突きつめて考えると、営利団体ではないはずのＩＯＣが、収入を極大化しようとしているところにある。テレビ放映権料も、公式スポンサーの協賛金も、ＩＯＣは、右肩上がりの高値で売ろうとしている。たしかに、テレビ放映権を有料放送に売ることはせず、世界中の人々が見られるように、無料放送だけに売るという方針は貫かれている。それでも、オリンピックを開催していくという目的だけを考えるなら、もはや必要以上の金額で契約していると言ってよい。

ＩＯＣ会長ジャック・ロゲの発言によれば、二〇一〇年冬季バンクーバー大会と二〇一二年ロンドン大会のテレビ放映権料は、合計で三八億ドルだという。近年の大会の分配比率から考えると、ロンドン大会には一二億六〇〇〇万ドルくらいが分配されるはずだ。

二〇〇〇年シドニー大会の総支出は二〇億一五七〇万豪ドルだった。当時の平均的な為替レートで米ドルに概算すると、約一四億一九〇〇万ドルにすぎない。ロンドン大会は、テレビ放映権料の分配金だけで、シドニー大会の総支出の九割近くに相当することになる。

大会を運営するための収入は、テレビ放映権料だけではない。公式スポンサー協賛金からの配分、チケット収入、国内公式スポンサーからの収入、オリンピック関連商品への公式ライセンス契約料などがある。そのほか、記念コインや記念メダルといった昔ながらの収入もある。ロンドン大会の総収入は、少なめに見積もっても、二〇億ドルを超えるに違いない。シドニー大会の規模であれば、すでに十分すぎる収入である。

ＩＯＣは非営利団体だから、収入を極大化する義務は負っていない。収入の極大化ではなく、オリンピックの価値を守る義務を負っているはずだが、収入を増やそうとするあまり、テレビ局や公式スポンサーに〝権力〟を与えてしまっている。そもそも、メディアから「商業主義に陥った」と批判されること自体、オリンピックの価値を下げることにつながるのであって、ＩＯＣの役割を果たしていることにはならないはずだ。

オリンピックの格式を守って開催できるように企業の影響力を抑えるには、テレビ放映権料や公式スポンサーの協賛金を抑える以外にないだろう。現在ほど高く売らなくてもオリンピックは開催できるのだから、企業からの収入が下がっても問題はないはずなのだ。

施設の建設費を含まない「大会の運営費」に限定して言うなら、現在すでに、税金を投入せずにオリンピックを黒字化できるだけの収入はある。したがって、オリンピック開催のカギになるのは、会場となるスポーツ施設を、地元住民から支持されるだけの価値がある公共事業として税金で建設できるのか、そして、後利用の計画がきちんと立っているのか、といったことになる。

オリンピックを恒久的にギリシャのアテネで開催すれば、新たなスポーツ施設の建設や、開催地の招致合戦といった問題は解決できるのではないか——。

そういう意見は昔からあって、IOC総会で実際に議題として提出されたこともある。一九八一年に西ドイツのバーデンバーデンで開かれた総会で議論されているが、当時のIOC委員からは、ほとんど支持されなかった。第六代会長だったロード・キラニンは、ギリシャでの恒久開催を支持しない理由として、次の三つを挙げている。まず、世界中の都市での持ち回り開催を決めたクーベルタンの考えに反していること。二つ目に、選手のコンディション調整を考えると、ギリシャと時差の少ない欧州などの選手が有利になり、遠く離れた国の選手は不利になること。時差調整のために十分な余裕を持って現地に入ったり、自国の食料を持ち込んだりできる裕福な国の選手にはあまり関係ないかもしれないが、世界はそのような国ばかりではない。そして三つ目は、恒久開催地とするには政治的に安定している国でなければならないが、ギリシャはそのような国ではないということだ。

もちろん、このテーマには別の側面もある。本当の理由は別のところにあるはずだ、という見方は可能である。持ち回りでやれば、そのたびに世界各地の開催都市で恩恵に浴する人々が発生する。招致合戦では様々な政治的駆け引きが行われ、現在のオリンピックが、招致する段階ですでに金のかかるものになっていることも事実だ。多くの場合、開催立候補都市では一〇億円単位の税金が招致費用として投入されている。それを考えると、誰でもうんざりする。

オリンピックは、スポーツの教育的な価値を信じたクーベルタンの理想から始まっている。オリンピック憲章には「オリンピズムは人生哲学であり、肉体と意志と知性の資質を高めて融合させた、均衡のとれた総体としての人間を目指すもの」とある。しかし、招致合戦におけるスキャンダルの歴史を見るだけでも、オリンピックの舞台裏が、いかに理念とかけ離れたものであるかが分かる。

オリンピックの理念は、実際にはめったに実現されない。言い換えれば、オリンピックは、偽善をはらんで開催されてきたということだ。

そのような偽善をはらんだなかで、それでも残る「オリンピックの価値」というものがある。それは、鍛え抜かれたアスリートが到達する偉大な瞬間——人間がすべてを出し尽くす、あるいは、どこかに到達する瞬間というものが、たしかに存在するということだ。

二〇〇八年北京大会の陸上競技男子一〇〇m決勝で、勝利を確信したウサイン・ボルトが、ゴール前で両手を広げ、胸を叩いた瞬間、我々は、人間が到達し得る極というものを目《ま》の当たりにした。ボルトはその後、二〇〇九年の世界選手権でそれよりも速く走っているが、北京で見せたあの走りこそ、世界中で共有された偉大な瞬間だった。それは、クーベルタンの理想から始まった伝統と歴史のうえにしか、存在しえない瞬間であるはずだ。いかなる商業主義も、いかなる政治的駆け引きも、その瞬間を犯すことはできない。

オリンピックは誰のためにあるのか、とは、あまりに単純な問いかけだ。しかし、あえて問いかけに答えるなら「アスリートのため」というほかはない。アスリートは、そのような瞬間へ辿《たど》りつくために、間違いなく、オリンピックという舞台を求めているのである。

オリンピックは商業化され、変化してきた。それが望ましい変化であったかどうかは、その変化がアスリートにとって望ましいものであったかどうか、を問いかけるところから始める以外にないだろう。

現在（二〇二二年）、二〇二〇年夏季オリンピックの開催地に、東京が立候補している。しかし、それを熱烈に支持する東京都民は少ない。というより、賛成にせよ反対にせよ、オリンピック招致に対する関心そのものが高くないように思える。

理由の一つは、招致委員会によるキャンペーンが、オリンピックの開催によってどのようなよいことがあるか、つまり「オリンピック開催による恩恵」をPRすることばかりに重点が置かれているからではないだろうか。それは、一九六四年大会の「オリンピックによる東京再生」という戦後的なテーマの焼き直しにすぎない。

再び東京で開催する意義があるとすれば、恩恵に目を向けるのではなく、オリンピックに対して我々が何を成し得るかという、能動的な態度で考えた場合ではないだろうか。

二〇一一年七月に来日したＩＯＣのロゲ会長は「行き過ぎた営利主義とドーピングの問題に取り組む」と語っている。そうであるなら、二度目の東京大会のテーマは「東京によるオリンピック再生」かもしれない。

本文で書いたように、ソウル大会と北京大会では、いずれも、米国のテレビ放映時間に合わせて競技時間が変更されている。もし二〇二〇年に東京でオリンピックを開催するとしたら、ソウル、北京とほぼ同じ時間帯の東京は、この問題にどう対応するのか。米国の放送局の意向より選手のコンディションを優先することを約束できるのか。

選手を第一に考え、なおかつ赤字を出さない。セレモニーの簡素化など、経費を抑える方法はいくつもあるように思う。世界語になった"mottainai"の国、日本だからできる簡素な運営によって、巨大化したオリンピックに歯止めをかける解答を世界に示すことができるのであれば、東京でオリンピックを開催する意義を示すことにもなるのではないか。

クーベルタンが一八九九年に書いた「国際オリンピック委員会規則」に関しては、『オリンピック事典』の編集委員長、田原淳子氏にご提供いただいた。感謝します。そして、企画を粘り強く推し進めてくれた集英社新書編集部の千葉直樹氏にも感謝します。

二〇一二年六月

小川　勝

参考文献

イブ・ピエール・ブーロンニュ、カール・レナーツ「国際オリンピック委員会の百年」穂積八洲雄訳　一九九四　＊日本オリンピック・アカデミー公式サイトデジタル・ライブラリーに掲載
農商務省『千九百年巴里萬國博覧會臨時博覧會事務局報告』フジミ書房　二〇〇〇
豊福一喜、長谷川幸道『走れ25万キロ　マラソンの父金栗四三伝』講談社　一九七一
デイヴィッド・クレイ・ラージ『ベルリン・オリンピック１９３６』高儀進訳　白水社　二〇〇八
ダフ・ハート・デイヴィス『ヒトラーへの聖火』岸本完司訳　東京書籍　一九八八
ロード・キラニン『オリンピック激動の歳月』宮川毅訳　ベースボール・マガジン社　一九八三
バーバラ・スミット『アディダスvsプーマ　もうひとつの代理戦争』宮本俊夫訳　ランダムハウス講談社　二〇〇六
「オリンピック・ローマ大会視察報告書」東京都　一九六一
矢野誠也『オリンピックの経済診断』通商産業研究社　一九六四
鬼塚喜八郎『私心がないから皆が活きる』日本実業出版社　一九八七
アベリー・ブランデージ『近代オリンピックの遺産』宮川毅訳　ベースボール・マガジン社　一九七二
ピーター・ユベロス『ユベロス』竹村健一訳　講談社　一九八六
清川正二『オリンピックとアマチュアリズム』ベースボール・マガジン社　一九八六

カール・ルイス、ジェフリー・マークス『アマチュア神話への挑戦　カール・ルイス』山際淳司訳　日本テレビ放送網　一九九一
マイケル・ペイン『オリンピックはなぜ、世界最大のイベントに成長したのか』保科京子、本間恵子訳　グランドライン　二〇〇八
ヴィヴ・シムソン、アンドリュー・ジェニングズ『黒い輪』広瀬隆監訳　光文社　一九九二
石井清司『スポーツと権利ビジネス』かんき出版　一九九八
東理夫『一九一二年オリンピック、あの夏の男たち』新潮社　一九九六
コンラッド・ブランナー『アディダス』山下清彦、黒川敬子訳　ソフトバンククリエイティブ　二〇〇六
日本オリンピック・アカデミー編『ポケット版　オリンピック事典』楽　二〇〇八
ジャック・ウェルチ、ジョン・A・バーン『ジャック・ウェルチ　わが経営』宮本喜一訳　日本経済新聞社　二〇〇五
岡尾惠市『陸上競技のルーツをさぐる』文理閣　一九九六
山田勝『イギリス貴族』創元社　一九九四
清川正二『スポーツと政治』ベースボール・マガジン社　一九八七
ジャック・K・坂崎『ワールドカップ　巨大ビジネスの裏側』角川書店　二〇〇二
デイヴィッド・F・ダレッサンドロ『ブランド戦国時代』鬼澤忍訳　早川書房　二〇〇一
須田泰明『37億人のテレビンピック』創文企画　二〇〇二
老川慶喜編著『東京オリンピックの社会経済史』日本経済評論社　二〇〇九

『明治大正国勢総覧』東洋経済新報社　一九七五
『日本長期統計総覧』編集・発行（財）日本統計協会　監修・総務省統計局
『20世紀全記録』講談社　一九九一
丹下健三『一本の鉛筆から』日本経済新聞社　一九八五
（財）日本オリンピック委員会監修『近代オリンピック100年の歩み』ベースボール・マガジン社　一九九四
『The Economics of Staging the Olympics』Holger Preuss, Edward Elgar, 2004
国際連合統計局編『世界統計年鑑』原書房
オリンピック各大会の公式報告書
「OLYMPIC MARKETING FACT FILE」2011 EDITION　＊IOC公式HPに掲載
「朝日新聞」「読売新聞」「毎日新聞」「日本経済新聞」

一九五六年メルボルン大会の記述については、アディダス ジャパン株式会社より情報提供をいただきました。感謝します。

小川 勝（おがわ まさる）

一九五九年生まれ。スポーツライター。青山学院大学理工学部卒業後、スポーツニッポン新聞社に入社。プロ野球、北米四大スポーツ、オリンピック取材などを担当し、編集委員に。二〇〇二年に独立。著書に『10秒の壁――「人類最速」をめぐる百年の物語』（集英社新書）、『イチローは「天才」ではない』（角川oneテーマ21）、『幻の東京カップス』（毎日新聞社）など。

オリンピックと商業主義《しょうぎょうしゅぎ》

集英社新書〇六四五H

二〇一二年六月二〇日 第一刷発行
二〇一四年一月一五日 第二刷発行

著者……小川《おがわ》勝《まさる》
発行者……加藤 潤
発行所……株式会社集英社
東京都千代田区一ツ橋二-五-一〇 郵便番号一〇一-八〇五〇
電話 〇三-三二三〇-六三九一（編集部）
〇三-三二三〇-六三九三（販売部）
〇三-三二三〇-六〇八〇（読者係）

装幀……原 研哉
印刷所……大日本印刷株式会社 凸版印刷株式会社
製本所……加藤製本株式会社

定価はカバーに表示してあります。

ISBN 978-4-08-720645-6 C0275

Printed in Japan

a pilot of wisdom

集英社新書　好評既刊

ホビー・スポーツ——H

将棋の駒はなぜ40枚か　増川宏一
パリ二十区の素顔　浅野素女
駅弁学講座　林　順信／小林しのぶ
猫のエイズ　石田卓夫
板前修業　下田　徹
囲碁の知・入門編　平本弥星
自由に至る旅　花村萬月
ケーキの世界　村山なおこ
イチローUSA語録　デイヴィッド・シールズ編
賭けに勝つ人　嵌《はま》る人　松井正就
メジャー野球の経営学　大坪正則
加賀百万石の味文化　陶　智子
日本の食材　おいしい旅　向笠千恵子
チーズの悦楽十二カ月　本間るみ子
早慶戦の百年　菊谷匡祐
温泉♨法則　石川理夫
増補版 猛虎伝説　上田賢一
スペシャルオリンピックス　遠藤雅子
ネコと暮らせば　野澤延行
両さんと歩く下町　秋本　治
スポーツを「読む」　重松　清
必携！　四国お遍路バイブル　横山良一
紐育《ニューヨーク》　ニューヨーク！　鈴木ひとみ
田舎暮らしができる人　できない人　玉村豊男
自分を生かす古武術の心得　多田容子
スーツの適齢期　片瀬平太
10秒の壁　小川　勝
手塚先生、締め切り過ぎてます！　福元一義
バクチと自治体　三好　円
機関車トーマスと英国鉄道遺産　秋山岳志
食卓は学校である　玉村豊男
武蔵と柳生新陰流　赤羽根龍夫／赤羽根大介

ヴィジュアル版――V

江戸を歩く	田中優子　写真・石山貴美子
ダーウィンの足跡を訪ねて	長谷川眞理子
フェルメール全点踏破の旅	朽木ゆり子
謎解き　広重「江戸百」	原信田実
愉悦の蒐集　ヴンダーカンマーの謎	小宮正安
直筆で読む「坊っちゃん」	夏目漱石
ゲーテ『イタリア紀行』を旅する	牧野宣彦
奇想の江戸挿絵	辻　惟雄
「鎌倉百人一首」を歩く	尾崎左永子　写真・原田寛
神と仏の道を歩く	神仏霊場会編
直筆で読む「人間失格」	太宰　治
百鬼夜行絵巻の謎	小松和彦
世界遺産　神々の眠る「熊野」を歩く	植島啓司　写真・鈴木理策
熱帯の夢	茂木健一郎　写真・中野義樹
藤田嗣治　手しごとの家	林　洋子
聖なる幻獣	立川武蔵　写真・大村次郷
澁澤龍彦　ドラコニア・ワールド	澁澤龍子・編　沢渡朔・写真
フランス革命の肖像	佐藤賢一
カンバッジが語るアメリカ大統領	志野靖史
完全版　広重の富士	赤坂治績
ONE PIECE STRONG WORDS［上巻］	尾田栄一郎　解説・内田樹
ONE PIECE STRONG WORDS［下巻］	尾田栄一郎　解説・内田樹
天才アラーキー　写真ノ愛・情	荒木経惟
藤田嗣治　本のしごと	林　洋子
ジョジョの奇妙な名言集Part1～3	荒木飛呂彦　中条省平
ジョジョの奇妙な名言集Part4～8	荒木飛呂彦